Roy Publicae

Great Reset

Roy Publicae

Great Reset

totale Zurück-Setzung

Dictus Publishing

Imprint
Any brand names and product names mentioned in this book are subject to trademark, brand or patent protection and are trademarks or registered trademarks of their respective holders. The use of brand names, product names, common names, trade names, product descriptions etc. even without a particular marking in this work is in no way to be construed to mean that such names may be regarded as unrestricted in respect of trademark and brand protection legislation and could thus be used by anyone.

Cover image: www.ingimage.com

Publisher:
Dictus Publishing
is a trademark of
International Book Market Service Ltd., member of OmniScriptum Publishing Group
17 Meldrum Street, Beau Bassin 71504, Mauritius
Printed at: see last page
ISBN: 978-613-7-35388-2

Inhaltsverzeichnis:

I. Gipfel:

Great-Reset-Gipfel in der Schweiz 2021: Corona als Beschleuniger der „vierten industriellen Revolution“ (4IR)[1]

Klaus Schwab, Gründer und Exekutivvorsitzender des Weltwirtschaftsforums, im Vorfeld des Weltwirtschaftsforums am 15. Januar 2019 in Genf bei einer Pressekonferenz. Auch 2019 standen die Weichen auf globaler Digitalisierung.*Foto: FABRICE COFFRINI/AFP über Getty Images*

---

[1] Vgl. https://www.epochtimes.de/politik/politik-analyse/great-reset-gipfel-in-davos-2021-corona-als-beschleuniger-der-vierten-industriellen-revolution-4ir-a3357655.html?utm_source=Meistgelesen&utm_medium=InternalLink&utm_campaign=ETD

Der Great-Reset-Gipfel des Weltwirtschaftsforums im Januar 2021 plant, die "vierte industrielle Revolution einzuleiten und die Welt in einen besseren Zustand zu versetzen" – mit der Einführung digitaler Identitäten (ID2020) und dem darauf aufbauenden „Internet der Dinge“. Hinzu kommen globale COVID-Impfungen und (digitales) Zentralbankgeld, schreibt Dr. Daniel Hoffmann.

Als Reaktion auf die global wirkende Corona-Krise kündigte das World Economic Forum (WEF) für den Januar 2021 an, den sogenannten Great-Reset-Gipfel abzuhalten.

Auf diesem sollen Maßnahmen für einen Neustart der weltweiten Wirtschaft und politischen Beziehungen vor dem Hintergrund der durch die Corona-Krise bedingten Probleme erörtert werden. Dazu wurde bereits die „COVID Action Platform“ initialisiert.

Die IWF-Präsidentin postulierte bei der WEF-Pressekonferenz als Ergebnis der Corona-Krise eine „grünere, smartere und fairere Welt“. Prinz Charles erblickt eine „goldene Gelegenheit“ für das Zusammenwachsen der Menschheit, und der Microsoft-CLO konstatierte, Breitband (5G) sei die „Elektrizität“ des 21.

Jahrhunderts, also weltverändernder Innovationstreiber eines nun neu einsetzenden Kondratieffzyklus.

WEF-Mindmaps verschaffen Orientierung

Die Mission des WEF besteht darin, die vierte industrielle Revolution einzuleiten und die Welt in einen besseren Zustand zu versetzen. Zu diesem Zweck schafft es als globale Institution eine Plattform, auf der sich globale Stakeholder als eine Art Weltöffentlichkeit zu unterschiedlichsten sozialen, technologischen, ökonomischen und politischen Themen Gehör gegenüber den Regierungen verschaffen.

Da alles mit allem zusammenhängt, werden hierzu Mindmaps erstellt, welche die unterschiedlichen interdependenten Problembereiche inhaltlich, geografisch und politökonomisch strukturiert in Beziehung setzt sowie dadurch Orientierung und Zielhierarchisierung ermöglicht.

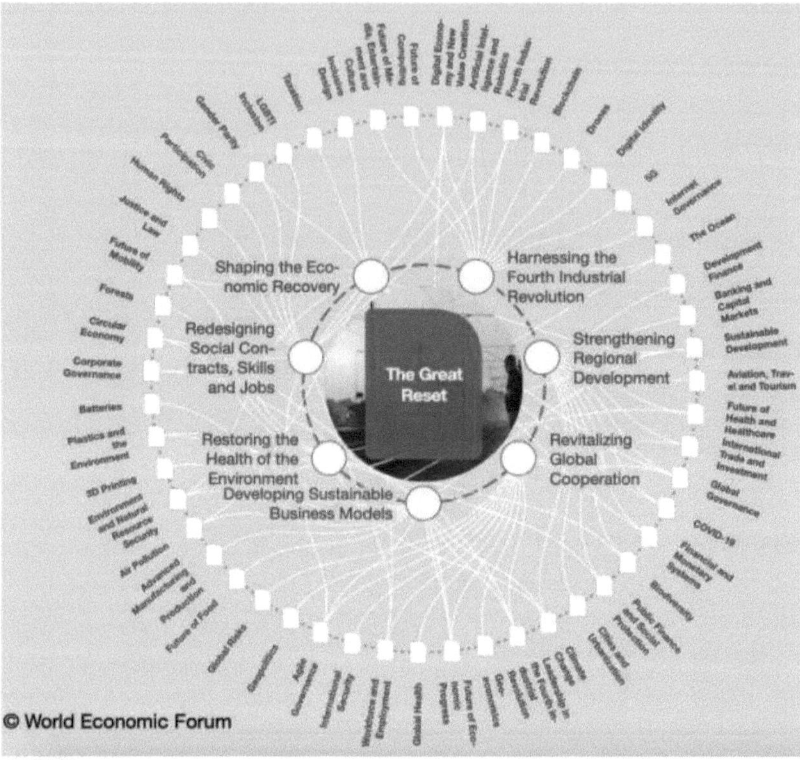

Quelle: WEF

Aus „Schriften zur Erforschung des Geldwesens: Corona als Beschleuniger der ‚4. Industriellen Revolution' – Der ‚Great Reset' für die Globalisierung"; S. 11. Autor: Dr. Daniel Hoffmann.

Das WEF-Planspiel Event 210 hat diesem Ansatz folgend im Oktober 2019 die Reaktion auf einen „Corona-Ausbruch" in vier Hauptaktionsfeldern (medizinische Gegenmaßnahmen, Handel und

Reisen, Finanzen, Kommunikationswesen) im Wesentlichen exakt antizipiert. Entscheidend seien nun „Response and Recovery“.

Bill Gates, Gavi, ID2020, KTDI und Accenture

Neben Microsoft, dem zweitwertvollsten Unternehmen der Welt, und der Bill & Melinda Gates Foundation ist u.a. die Unternehmensberatung Accenture sehr aktiv im Rahmen des WEF.

Accenture postuliert zusammen mit der UNO, dass eine digitale Identität ein Menschenrecht sei, und arbeitet im Rahmen des WEF an diversen Projekten, die mit der Einführung von solchen, basierend auf Blockchain- bzw. Distributed-Ledger-Technologie (DLT) und biometris“Schriften zur Erforschung des Geldwesens: Corona als Beschleuniger der ‚4. Industriellen Revolution‘ – Der ‚Great Reset‘ für die Globalisierung“cher Erfassung, zu tun haben.

Beim Davos-Gipfel 2018 startete das Projekt „Known Traveller Digital Identity“ (KTDI). Flugreisende zwischen den Niederlanden und Kanada kommen seit Anfang 2020 bevorzugt und schneller durch die Abfertigung, wenn sie sich freiwillig eine digitale Identität zugelegt und die notwendigen Reisepapiere digital hinterlegt haben. Die Abfertigung besteht dann nur noch in der biometrischen Erkennung und automatischen digitalen Dokumentenprüfung.

Bereits im Mai 2016 wurde im UN-Hauptquartier in New York die Digital Identity Alliance (ID2020) – finanziert u.a. von Microsoft, Accenture und der Impfallianz Gavi – gegründet, Motto: „ID2020: DIGITAL IDENTITY with Blockchain and Biometrics".

Jeder Mensch solle auf Lebenszeit eine globale personalisierte, portable, biometrisch verbundene digitale Identität erhalten. Insbesondere Menschen ohne Ausweispapiere, z.B. „staatenlose" Flüchtlinge, benötigten eine solche.

Im September 2019 gaben ID2020 und die Regierung von Bangladesch im Rahmen eines Gavi-Programms die Einführung digitaler Identitäten in Verbindung mit Impfzertifikaten bekannt. Bis Februar 2020 wurden für 100 Millionen Kinder solche digitale Identitäten angelegt und die entsprechenden Impfdaten personalisiert erfasst.

19 Mrd. COVID-19-Impfungen, TBI, Blockchain, Starlink und das „Internet der Dinge“

Jedem Menschen sollen laut WEF und Harvard-Universität gleichberechtigt zugänglich (mindestens) zwei COVID-19-Impfdosen als globales öffentliches Gut bereitgestellt werden.

UNDP-Chef Achim Steiner wiederum schlug vor, den Menschen in einkommensschwachen Ländern durch ein temporäres bedingungsloses Grundeinkommen („temporary basic income“, TBI) zu ermöglichen, der Arbeit fernzubleiben, um dem Tod durch COVID-19 zu entgehen – Kostenpunkt bei rund drei Milliarden Empfängern: ca. 200 Mrd. bis 500 Mrd. USD monatlich. All diese Vorschläge machen eine global institutionalisierte blockchainbasierte digitale Identität notwendig, um die Logistik, Sicherheit und faire Zuteilung zu gewährleisten.

Solche international anerkannten, unverfälschbaren, dezentralen digitalen IDs sind die Grundlage für das „Internet der Dinge“ (Internet of Things, IoT), welches wiederum die Basis für die von WEF-Gründer Klaus Schwab postulierte vierte industrielle Revolution (4IR) ist.

Passenderweise wurde Anfang 2020 – parallel zum Beginn der Installation von 5G – das Starlink-Programm von Elon Musk gestartet, welches über Zehntausende erdnahe Satelliten auch den entferntesten Winkel der Erde mit superschnellem Internet versorgen können soll.

Vor diesem Hintergrund erlangen die aktuelle „Militarisierung des Weltraums“ – insbesondere seitens der US-Amerikaner (Space Force, NMD), Chinesen (Mondmission) und Russen (Hyperschallraketen, Elokawaffen) – und die gegenwärtigen New-START-Atom waffen(ab)rüstungs-Verhandlungen nochmals an Dramatik.

Radikale, unkonventionelle Ideen zur „Reform des Kapitalismus“

Auf Zentralbank- und Regierungsebene werden zunehmend ernsthaft – in Anlehnung an die Neue Monetäre Theorie (NMT) – sogenanntes Helikoptergeld und bedingungsloses Grundeinkommen diskutiert. Der Staat solle Zentralbankgeld drucken lassen und es „wirtschaftsstimulierend“ direkt an seine Bürger bzw. Unternehmen verteilen. Die Zinsen sollen der „Postwachstumsgesellschaft“ angemessen über Jahrzehnte negativ bleiben.

Die Zentralbanken animieren die Staaten zu weiterer Schuldenaufnahme, um coronabegründete Rettungs-, Konjunktur- und Klimamaßnahmen zu finanzieren, worunter auch Sozial-, Digitalisierungs- und Rüstungsausgaben sowie Steuersenkungen fallen.

„Schriften zur Erforschung des Geldwesens: Corona als Beschleuniger der ‚4. Industriellen Revolution‘ – Der ‚Great Reset‘ für die Globalisierung“Die Gewährung staatlicher Gelder bzw. Unterstützung von Zentralbanken soll an die Einhaltung staatlicher Lenkungsziele („Klimaschutz“, „Gendergerechtigkeit“ etc.) gebunden werden (Metrics). Die Durchbrechung der Nullzinsgrenze („zero lower bound“) könne – wie vom IWF unter Frau Lagarde empfohlen – durch das „duale Geldsystem“, sprich: durch Erhebung von elektronischem Zentralbankgeld zum alleinigen gesetzlichen Zahlungsmittel, erreicht werden.

Schweden führte erstmals Anfang 2020, beraten durch die Unternehmensberatung Accenture, ein „Krypto-Zentralbankgeld“ ein: die E-Krona. China folgte mit dem E-Yuan. Die Banque de France testet überraschend E-Euro, die Schweizer Zentralbank E-Franken. Die Schnittstellen zum IoT und einer „smarteren, grüneren und faireren“ Ökonomie sind ersichtlich.

G20-Gipfel, Wirecard, Trump-Wahl, Standard für Krypto-Zentralbankgeld und globales Steuersystem

Beim G20-Gipfel in Riad im November 2020 sollen ein weltweiter technischer Standard für digitales Zentralbankengeld (CBDC) und ein globales „Digitalsteuersystem" vereinbart werden. Auch die Sonderziehungsrechte (SZR) des IWF könnten „digitalisiert" werden und Corona-Impfprogramme in Niedrigeinkommensländern „vorfinanzieren".

Gordon Brown, der frühere Premierminister Großbritanniens, rief bereits nach einer „global government to tackle the coronavirus". Die US-Präsidentschaftswahl findet noch vor dem G20 statt.

Dies erinnert an den G20-Weltfinanzgipfel nach der Ablösung der Republikaner durch Obama 2008. Sollte Trump wiedergewählt werden, dürfte der Kampf um die monetäre und digitale Vorherrschaft in ein neues Stadium treten.

Der Plan der US-Republikaner zu einer cashflowbasierten Unternehmenssteuer („destination-based cash flow tax", DBCFT) in Verbindung mit der Digitalsteuer und digitalem Zentralbankgeld auf Weltebene würde Bilanzbetrugsfälle wie Wirecard unmöglich machen. Alle Transaktionen wären dezentral in einem globalen Hauptbuch erfasst und die Steuerbehörden hätten global Zugriff auf diese revisionssicheren „Buchführungsdaten“.

Diese neue Form der „Global(be)steuerung“ wäre dann die Krönung der Vision einer „neuen Normalität“ der NMT und das monetäre Fundament der vierten industriellen Revolution.

Der Finanzwissenschaftler Dr. oec. Daniel Hoffmann (Jahrgang 1981) ist als Politikberater in den Bereichen öffentliche Finanzen und Geldpolitik tätig. Dieser Artikel stellt eine Zusammenfassung seiner fast 50-seitigen Studie im Rahmen der Schriften zur Erforschung des Geldwesens dar: „Corona als Beschleuniger der ‚4. Industriellen Revolution‘ – Der ‚Great Reset‘ für die Globalisierung“, 14.10.2020

II. <u>Davos:</u>

Demnächst wird in Davos der „Great Reset“ der Weltwirtschaft verkündet[2]

Was will das Weltwirtschaftsforum WEF mit seinem Plan für einen „Great Reset“, den sein Vorstandsvorsitzender Klaus Schwab gerade für die nächste Tagung in Davos im Januar 2021 angekündigt hat, tatsächlich erreichen?

---

[2] Vgl. https://linkezeitung.de/2020/07/13/demnaechst-wird-in-davos-der-great-reset-der-weltwirtschaft-verkuendet/

Wie es nach der COVID-19-Pandemie weitergehen soll

Für diejenigen, die sich fragen, wie es nach der COVID-19-Pandemie, die fast die komplette Weltwirtschaft lahm gelegt und die schlimmste Depression seit den 1930er Jahren verursacht hat, weitergehen soll, haben die Initiatoren des in Davos tagenden Weltwirtschaftsforums WEF – der NGO, die bei der Propagierung der Globalisierung die führende Rolle gespielt hat – gerade die Umrisse des Plans veröffentlicht, den sie ab Januar 2021 realisieren wollen. Diese Leute haben sich dafür entschieden, die Corona-Krise für ihre Zwecke auszunutzen.

Am 3. Juni 2020 hat das in Davos tagende Weltwirtschaftsforum WEF auf seiner Website das Thema seines im Januar 2021 stattfindenden nächsten Forums veröffentlicht. Es lautet „The Great Reset“ **(Der Totale Neustart, s. https://www.weforum.org/ great-reset/).** Die wirtschaftlichen Folgen der COVID-19-Pandemie sollen dazu genutzt werden, eine sehr spezielle Agenda durchzusetzen. Es fällt auf, dass diese Agenda perfekt zur Agenda 2030 der Vereinten Nationen **(s. http://www.bmz.de/de/the-men/2030_agenda/)** passt. Ironischerweise fordert das führende Forum des

Big Business **(s. https://wirtschaftslexikon.gabler.de/definition/big-business-31329)** der Welt, das seit den 1990er Jahren die von den Großkonzernen gewünschte Globalisierung propagiert, jetzt plötzlich etwas Neues, das „nachhaltige Entwicklung“ genannt wird. Das lässt vermuten, dass die neue WEF-Agenda nicht ganz den Zielen entspricht, die das WEF und seine Initiatoren in Wirklichkeit verfolgen.

Der Totale Neustart

Am 3. Juni hat der WEF-Vorstandsvorsitzende **Klaus Schwab** auch ein Video zu dem Jahresthema für 2021 mit dem Titel „**The Great Reset“** (aufzurufen über https://www.weforum.org/great-reset/) veröffentlicht. Es überrascht nicht, dass die Weltwirtschaft entlang sehr spezieller Linien in die gleiche Richtung umstrukturiert werden soll, die auch der **Weltklimarat IPCC** (https://www.de-ipcc.de/119.php), **Greta Thunberg** und ihre konzernhörigen Freunde **Al Gore** (s. https://de.wikipedia.org/wiki/Al_Gore) und **Larry**

Fink (s. https://de.wikipedia.org/wiki/Laurence_Douglas_Fink) von BlackRock (s. https://de.wiki-pedia.org/wiki/BlackRock) vertreten.

Interessant ist dabei, dass die WEF-Propagandisten den „Reset“ der Weltwirtschaft in Zu-sammenhang mit dem Coronavirus und den dadurch verursachten Problemen der globalen industrialisierten Weltwirtschaft bringen. Auf der WEF-Website ist nämlich zu lesen: „Es gibt viele Gründe für einen Great Reset, der drängendste ist aber COVID-19.“ Die Pandemie bietet also eine gute Gelegenheit und liefert den Vorwand für den Great Reset der Weltwirtschaft.

Bei der Ankündigung des WEF-Themas für 2021 sagte der WEF-Vorstandsvorsitzende Schwab, geschickt zwei Probleme miteinander verknüpfend:

„Wir haben nur einen Planeten, und wir wissen, dass der Klimawandel die nächste globale Katastrophe mit noch dramatischeren Folgen für die Menschheit sein könnte." [s. https://www.weforum.org/great-reset/about]

Damit soll ein Zusammenhang des Klimawandels mit der COVID-19-Pandemie hergestellt werden.

Zur Unterstützung seiner „nachhaltigen grünen Agenda" hat das WEF auch **Prinz Charles, den „Möchtegernkönig von Großbritannien"**, engagiert. Bezugnehmend auf die globale COVID-19-Katastrophe erklärte der:

„Aus dieser Krise müssen wir die wichtige Lehre ziehen, dass wir die Natur in den Mittelpunkt unseres künftigen Agierens stellen müssen. Wir können nicht noch mehr Zeit vergeuden."

Ins gleiche Horn wie Schwab und der Prinz hat auch **Antonio Guterres, der Generalsekretär der Vereinten Nationen**, gestoßen. Er forderte:

„Wir müssen ausgeglichenere, inklusive und nachhaltige Volkswirtschaften und Gesellschaftsmodelle entwickeln, die künftige Pandemien, den Klimawandel und andere globale Herausforderungen besser bewältigen können.“

Behalten Sie „die nachhaltigen Volkswirtschaften und Gesellschaftsmodelle“, die er gefordert hat, in Erinnerung, wir werden später noch einmal darauf zurückkommen. Auch **Kristalina Georgiewa** (s. https://de.wikipedia.org/wiki/Kristalina_Georgiewa), **die neue Chefin des IWF** (s. https://www.imf.org/external/np/exr/facts/deu/glanced.htm), hat den Great Reset begrüßt. Zu den Befürwortern des Great Reset gehören außerdem **Ma Jun**, der Vorsitzende des Grünen Finanzkomitees der China Society for Finance and Banking (s. https://www.adb.org/news/adb-and-green-finance-committee-china-society-finance-and-banking-cohost-webinar-nature), der auch dem Komitee für Finanzpolitik der **People's Bank of China** (s. https://de.wikipedia.org/wiki/Chinesische_Volksbank) angehört, **Bernard Looney** (s. https://www.handelsblatt.com/unternehmen/energie/bern

ard-looney-der-mann-fuer-die-millennials-das-ist-der-neue-bp-chef/25083434.html?ticket=ST-2678529-DYADkZc ToXtjwxTWqEeA-ap3), der Generaldirektor des **Ölkonzerns BP**, **Ajay Banga** (s. https://en.wikipedia.org/wiki/Ajaypal_Singh_Banga), der Generaldirektor von **Mastercard** und **Bradford Smith** (s. https://news.microsoft.com/exec/brad-smith/), der Präsident von **Microsoft**. [s. dazu auch https://www.weforum.org/great-reset/about]

Machen Sie nicht den Fehler, den Great Reset für eine spontane Idee Schwabs und seiner „Freunde" zu halten. Auf der WEF-Website ist zu lesen: „Selbst wenn die durch COVID-19 verursachten Einschränkungen allmählich gelockert werden können, wird sich die Angst vor Veränderungen der sozialen und wirtschaftlichen Gegebenheiten in der Welt noch verstärken. Es gibt genug Gründe, sich Sorgen zu machen: Eine deutliche wirtschaftlich Rezession hat bereits eingesetzt, und sie könnte sich zur schlimmsten Depression seit den 1930er Jahren entwickeln. Die ist zwar wahrscheinlich, aber vermeidbar." [s. https:// **www.weforum.org/agenda/2020/06/now-is-the -time-**

for-a-great-reset/] Die WEF-Initiatoren haben große Pläne: „… Die Welt muss gemeinsam und schnell handeln und alle Aspekte unserer bestehenden Gesellschafts – und Wirtschaftsmodelle von der Bildung über soziale Übereinkünfte bis zu den Arbeitsbedingungen den neuen Gegebenheiten anpassen. Alle Staaten von den USA bis China müssen sich daran beteiligen, und alle Industrien von der auf Öl und Gas aufgebauten Energieversorgung bis zur Technologieentwicklung müssen (in einer 4. Industriellen Revolution) umgebaut werden. Kurz gesagt: Wir brauchen einen „Great Reset des Kapitalismus“. Das ist das große Ziel.

Radikale Veränderungen

Schwab hat noch Anderes zu der geplanten WEF-Agenda gesagt: „Die Pandemie hat auch gezeigt, wie schnell wir radikale Veränderungen in unserem Lebensstil vornehmen können. Fast ohne Übergang mussten Unternehmen und Personen für unverzichtbar gehaltene Verhaltensweisen aufgeben – vom häufigen Fliegen bis zur gewohnten Arbeit in Büros." Sollen das die wichtigsten Veränderungen sein?

Dann schlägt er weitere „radikale Veränderungen" vor: " **Die Agenda des Great Reset soll drei Hauptkomponenten haben**." Erstens müsse der Markt so gesteuert werden, dass seine Ergebnisse fairer würden. Zu diesem Zweck sollten die Regierungen die Koordination verbessern und die für eine „**Stakeholder Economy**" (in der Unternehmen nicht nur Gewinne für ihre Anteilseigner erzielen, sondern auch „einen positiven Beitrag zur Gesellschaft" leisten sollen, s. https://www.eveline-lemke.de/2020/01/stakeholder-economy/) notwendigen Voraussetzungen schaffen" – durch eine Änderung der Vermögenssteuer, die Senkung der Subventionen für fossile Brennstoffe und die Aufstellung neuer Regelungen für den Umgang mit geistigem Eigentum, den Handel und den Wettbewerb.“ [s. auch dazu https://www.weforum.org/agenda/2020/06/now-is-the-time-for-a-great-reset/]

Als zweite Komponente des Great Reset soll sichergestellt werden, dass „bei Investitionen auch Ziele wie Gleichheit und Nachhaltigkeit **beachtet werden“.** Damit möchte der Vorstandsvorsitzende des WEF erreichen, dass die zur Stimulation der durch die Coronakrise geschwächten traditionellen Wirtschaft von der EU, den USA, China und anderen Staaten bereitgestellten enormen Hilfsgelder in die „neue Wirtschaft“ fließen, die auf lange Sicht (angeblich) flexibler, gerechter und nachhaltiger werden soll. **Damit sollen zum Beispiel „grüne“ Innenstädte** errichtet und Anreize für die Industrie geschaffen werden, mehr Rücksicht auf die Umwelt, auf soziale Belange und auf Wünsche von Regierungen zu nehmen [s. auch dazu https://www.weforum.org/agenda/2020/06/now-is-the-time-for-a-great-reset/].

Als dritte Komponente des Great Reset soll eins der Lieblingsprojekte Schwabs, **die 4. Industrielle Revolution**, realisiert werden: „Die dritte und letzte mit Vorrang umzusetzende

Komponente des Great Reset ist die 4. Industrielle Revolution zum Nutzen der Bevölkerung, die besonders der Gesundheitsfürsorge und anderen sozialen Herausforderungen zugute kommen soll. Während der COVID-19-Krise haben Pharmakonzerne, andere Firmen und Universitäten ihre Kräfte gebündelt, um die Diagnostik und die Therapie zu verbessern, mögliche Impfstoffe zu entwickeln, Testzentren einzurichten und neue Verfahren zur Verfolgung von Infektionswegen erprobt sowie die Telemedizin ausgeweitet. Stellen Sie sich vor, was möglich wäre, wenn auch auf anderen Gebieten gemeinsame Anstrengungen ähnlicher Art unternommen würden." [s. auch dazu https://www.weforum.org/ agenda/2020/06/now-is-the-time-for-a-great-reset/]. **Die 4. Industrielle Revolution soll auch die Gentechnik, 5G beim Mobilfunk, die Künstliche Intelligenz und ähnliche Entwicklungsvorhaben einschließen.**

Die Agenda 2030 der Vereinten Nationen und der Great Reset

Wenn wir die Details der Agenda 2030 der Vereinten Nationen aus dem Jahr 2015 mit dem Great Reset des WEF vergleichen, finden wir viele Übereinstimmungen. Das Generalthema der Agenda 2030 ist eine „nachhaltige Welt“ mit gleichen Einkommen, Gleichberechtigung der Geschlechter und Impfstoffen für alle, die von der WHO und der 2017 vom WEF und der Bill & Melinda Gates Foundation gegründeten Coalition for Epidemic Prepardness Innovations, abgekürzt CEPI (der Koalition für Innovationen in der Epidemievorbeugung,
s. https://de.wikipedia.org/wiki/Coalition_for_Epidemic_Preparedness_Innovati-ons), zur Verfügung gestellt werden.

2015 haben die Vereinten Nationen ein Dokument veröffentlicht – mit dem Titel: „Der Umbau unserer Welt nach der Agenda 2030 für nachhaltige Entwicklung“ (s. unter https://sustainabledevelopment.un.org/post2015/transformingourworld und https://su-stainabledevelopment.un.org/content/documents/21252030%20Agenda%20for%20Sustainable%20Development%20web.pdf). Die Obama-Regierung hat dem Senat dieses Dokument nie zur

Ratifizierung vorgelegt, weil sie wusste dass dieser es abgelehnt hätte. Trotzdem wurde es international verbreitet. Es beschreibt 17 nachhaltige Entwicklungsziele (s. https://unric.org/de/17ziele/) und ist eine Erweiterung der früheren Agenda 21 (s. https://www.un.org/Depts/german/conf/agenda21/agenda_21.pdf). Die 17 Ziele schließen folgende Forderungen ein: „Beendigung der Armut und des Hungers in all ihren Formen und Dimensionen, Schutz unseres Planeten vor Ausplünderung durch nachhaltige Konsumptions- und Produktionsformen, durch nachhaltigen Umgang mit natürlichen Ressourcen und durch dringend erforderliche Maßnahmen gegen den Klimawandel". Außerdem werden ein nachhaltiges Wirtschaftswachstum, eine nachhaltige Landwirtschaft mit gentechnisch veränderten Organismen (GMO, s. dazu auch https://de.wikipedia.org/wiki/Gen-technisch_ver%C3%A4nderter_Organismus), nachhaltige und moderne Energieformen aus Wind und Sonne, nachhaltige Städte und eine nachhaltige Industrialisierung gefordert.

Nachhaltigkeit ist zwar das Schlüsselwort, wenn wir aber tiefer graben, wird klar, dass damit die Umverteilung der Reichtums der Welt mit Hilfe zur Strafe verhängter Co2-Steuern gemeint ist, die den Luft-und Straßenverkehr dramatisch verteuern und dadurch reduzieren sollen. Die weniger entwickelte Welt soll sich nicht weiter, son-dern eher zurückentwickeln und der Lebensstandard soll aus Gründen der Nachhaltigkeit generell sinken.

Maurice Strong

Um die Doppelbödigkeit des Begriffes „Nachhaltigkeit" zu verstehen, müssen wir uns mit Maurice Strong **(s. https://de.wikipedia.org/wiki/Maurice_Strong)** beschäftigen, einem kanadischen Ölmilliardär und engen Freund David Rockefellers, der in den 1970er Jahren eine wichtige Rolle bei der Propagierung der Idee spielte, das von Menschen erzeugte CO2 schade der Nachhaltigkeit **(s. dazu unbedingt auch http://www.luftpost-kl.de/luftpost-archiv/LP_19/LP05220_100720.pdf)**. Strong ist verantwortlich für das Umweltprogramm der Vereinten Nationen und hat 1988 das Intergovernmental Panel for Climate Change, abgekürzt IPCC (den Weltklimarat, **s. https://www.-de-ipcc.de/119.php und https://www.de-ipcc.de/)** der Vereinten Nationen gegründet und mit der Untersuchung der Auswirkungen des von Menschen erzeugten CO2 beauftragt.

Bereits 1992 hat Strong festgestellt:

„Ist nicht der Zusammenbruch der industrialisierten Zivilisation die einzige Hoffnung für unseren Planeten? Wären wir nicht verpflichtet, den zu verursachen?" Auf dem Erdgipfel in Rio im gleichen Jahr fügte er hinzu: „Der gegenwärtige Lebensstil und das Konsumverhalten des wohlhabenden Mittelstands – dessen hoher Verbrauch von Fleisch fossilen Brennstoffen, die Nutzung von Klimaanlagen und das Leben im städtischen Umland – sind nicht nachhaltig.“ [s. https://climatism.blog/2018/12/19/draconian-un-climate-agenda-exposed-global-warming-fears-are-a-tool-for-political-and-economic-change-it-has-nothing-to-do-with-the-actual-climate/]

Die Entscheidung, CO2, ein überlebenswichtiges Gas, ohne das pflanzliches und somit auch tierisches und menschliches Leben unmöglich wäre, zu verteufeln, fiel nicht zufällig. Professor Richard Lindzen **(s. https://de.wikipedia.org/wiki/Richard_Lindzen),** **ein** Atmosphärenphysiker vom MIT (s. dazu auch https://de.wikipedia.org/wiki/ Massachusetts_Institute_of_Technology) stellte dazu fest:

„CO2 ist für bestimmte Leute sehr attraktiv. Aber was ist es eigentlich ? Es ist kein Schadstoff, sondern ein überlebenswichtiges Gas, das alle Tiere und Menschen beim Atmen ausscheiden, und das für die Fotosynthese der Pflanzen unverzichtbar ist; es entsteht aber bei allen Verbrennungsvorgängen – zum Beispiel auch in Automotoren. Co2 ist daher äußerst interessant für Leute, die alles kontrollieren (und zu einer Ware machen) wollen – vom Atmen bis zum Autofahren – also ein Traum für Menschen mit bürokratischer Mentalität.“ [s. auch dazu https://climatism.blog/2018/12/19/draconian-un-climate-agenda-exposed-global-warming-fears-are-a-tool-for-political-and-economic-change-it-has-nothing-to-do-with-the-actual-climate/]

Wir dürfen auch das **Event 201** (s. dazu auch https://www.centerforhealthsecurity.org/ event201/) nicht vergessen, eine gut getimte Simulation einer Pandemie, die am 18. Oktober 2019 in New York stattgefunden hat und vom WEF und der Gates-Stiftung gesponsert wurde. Diese Simulation beruhte auf der Idee, „dass es nur eine Frage der Zeit ist, bis sich aus einer Epidemie eine globale Pandemie mit potenziell katastrophalen Folgen entwickeln wird. Eine solche Pandemie würde eine enge Zusammenarbeit zwischen mehreren Industriezweigen, nationalen Regierungen und wichtigen internationalen Institutionen erfordern. Mit dem Event 201 wurde eine Epidemie simuliert, die von einem zoonotischen Coronavirus (s. https://de.wikipedia.org/wiki/Zoonose) verursacht wird, das zunächst von Fledermäusen über Schweine auf Menschen überspringt, dann aber auch von Mensch zu Mensch übertragen wird und eine Pandemie auslöst. Der Erreger und die von ihm verursachte Krankheit waren SARS (s. unter https://www.rki.de/DE/Content/InfAZ/S/SARS/Klinik.html) nachgebildet, sollten aber ansteckender sein und bei Menschen mildere Symptome hervorrufen.

Der Great Reset, den das WEF in Gang setzen möchte, ist nur ein schlecht kaschierter Versuch, der Agenda 2030 der Vereinten Nationen unter Ausnutzung der COVID-19-Pandamie doch noch zum Durchbruch zu verhelfen und global einen angeblich nachhaltigen „Green New Deal“ **(s. https://de.wikipedia.org/wiki/Green_New_Deal)** durchzu setzen. Die Einbeziehung der Gates Foundation, der WHO und der Vereinten Nationen geben zu der Befürchtung Anlass, dass die Welt nach dem Abklingen der COVID-19-Pandemie noch finsterer als davor aussehen wird.

1. *William Engdahl berät und referiert über strategische Risiken. Er hat an der Princeton University über Politik promoviert, Bestseller über Öl- und Geopolitik veröffentlicht und schreibt für die Internet-Zeitungen New Eastern Outlook und Global Research.*

(Wir haben den informativen Artkel komplett übersetzt und mit Ergänzungen und Links in runden Klammern und Hervorhebungen versehen. Die Links in eckigen Klammern hat der Autor selbst eingefügt. Weitere Informationen über ihn sind nachzulesen unter https:// de.wikipedia.org/wiki/F._William_Engdahl .

Als Zusatzlektüre empfehlen wir den Artikel „Der große Reset" von Hermann Ploppa, der unter https://www.rubikon.news/artikel/der-grosse-reset zu finden ist, und den unter https:// norberthaering.de/die-regenten-der-welt/grosser-neustart/ aufzurufenden Artikel „Great Reset: Das Weltwirtschaftsforum plant den Großen Neustart, um ihn zu verhindern" von Norbert Haering.)

III. Agenda:

Ehemaliger australischer Senator: "Great Reset" ist die eigentliche Agenda hinter COVID![3]

Davoser Milliardäre wollen den sozialistischen "Green New Deal" durch die Hintertür.

Der ehemalige australische Senator Cory Bernardi präsentierte einen Beitrag für Sky News Australia. In diesem Beitrag sagte er, dass die Agenda hinter der COVID-Panik darin bestehe, dass die

[3] Vgl. https://uncut-news.ch/2020/10/13/ehemaliger-australischer-senator-great-reset-ist-die-eigentliche-agenda-hinter-covid/

Miliardäre und die Eliten von Davos einen “großen Reset” herbeiführen wollen, der dauerhafte soziale und wirtschaftliche Veränderungen mit sich bringen würde.

Bernardi bemerkte, dass “die anhaltende Pandemie-Panik etwas Ungewöhnliches an sich hat” und zitierte medizinische Experten, die “jetzt anerkennen, dass Abriegelungen nicht funktionieren” und forderte die Zuschauer auf, “zu überlegen, ob eine andere Agenda am Werk ist”.

Tatsächlich forderte der Sonderbeauftragte der Weltgesundheitsorganisation für COVID-19, Dr. David Nabarro, in einem kürzlichen Interview mit dem Spectator die führenden Politiker der Welt auf, die Abriegelungen nicht länger als primäre Kontrollmethode einzusetzen, da sie “arme Menschen um ein Vielfaches ärmer” machten.

Bernardi hob dann die Kommentare von Klaus Schwab, Gründer und Vorsitzender des Weltwirtschaftsforums, hervor, der den Globalisten sagte, dass COVID-19 das alte System als unzulänglich erwiese hat und dass “jetzt der historische Moment gekommen sei, nicht nur das… Virus zu bekämpfen, sondern das System… für die Zeit nach Corona zu gestalten”.

“(Herr Schwab) gibt zu, dass COVID die neue Ausrede ist, um den Grünen New Deal einzuleiten, auf den Klima-Alarmisten, Profiteure und große Regierungen seit Jahren drängen”, sagte Bernardi und fügte hinzu, dass “die globale Antwort auf COVID der Traum eines grünen Sozialisten ist”.

Die ehemalige Senator bemerkte, dass die Coronavirus-Pandemie die Gelegenheit geboten habe, ein sehr ähnliches hartes Durchgreifen durchzusetzen, das Technokraten zuvor unter dem Banner des Klimawandels zu rechtfertigen versucht hatten, nämlich die Abschaltung von Volkswirtschaften, die Senkung des Treibstoffverbrauchs und der Flugreisen sowie die Beschneidung der bürgerlichen Freiheiten und der Bewegungsfreiheit.

“Warum, glauben Sie, waren die australischen Grünen in den vergangenen Monaten so ruhig ... es liegt daran, dass ihre politische Agenda zum Leben erwacht”, sagte Bernardi.

“Nach Jahrzehnten, in denen sie mit Lügen über den Klimawandel und Propaganda hausieren, um die Eliten zu reaktionen zu zwingen, haben die Sozialisten eine medieninduzierte Hysterie über die öffentliche Gesundheit als ihre neueste Waffe der wirtschaftlichen Zerstörung eingesetzt”, fügte er hinzu.

Bernardi hebt hervor, wie viele derselben Wissenschaftler, die die Regierungen davon überzeugt haben, drakonische Lockdowns zu verhängen, auch an der IPCC-Computermodellierung beteiligt waren, die alarmierende Prognosen zur globalen Erwärmung erstellt hat, und kommt zu dem Schluss, dass der COVID-Lockdown dem "Green New Deal" sehr ähnlich sieht und die gleichen katastrophalen Auswirkungen auf die Weltwirtschaft haben wird.

Quelle: Australian Media Finally Calls Out Davos 'Great Reset' Agenda

IV. Eliten:

„The Great Reset“: Wie die Eliten der Welt eine neue Wirtschaftsordnung planen[4]

Die einflussreichsten Politiker und Wirtschaftsleute der Welt werden bald eine Konferenz durchführen, bei der sie besprechen, wie die neue Weltwirtschaftsordnung aussehen soll. Die Ziele der Konferenz haben es in sich. Bemerkenswert ist vor allem die Kritik am „Aktionärskapitalismus“.

[4] Vgl. https://deutsche-wirtschafts-nachrichten.de/504717/The-Great-Reset-Wie-die-Eliten-der-Welt-eine-neue-Wirtschaftsordnung-planen

19.01.2020, Schweiz, Davos: Die Silhouette eines Mannes ist während der Aufbauarbeiten zum Weltwirtschaftsforum (WEF) vor dem Logo des Forums zu sehen. (Foto: dpa)

Im Januar 2021 wird das Weltwirtschaftsforum unter dem Titel „The Great Reset“ („Der Große Neustart“) einen Zwillingsgipfel durchführen, bei dem es um die Schaffung einer neuen globalen Wirtschaftsordnung aufgrund der Corona-Krise gehen soll.

Das Weltwirtschaftsforum führt in einer **Mitteilung** aus: „Das 51. Jahrestreffen des Weltwirtschaftsforums wird weltweit führende Persönlichkeiten aus Regierung, Wirtschaft und Zivilgesellschaft sowie Stakeholder aus der ganzen Welt in einer einzigartigen Konfiguration zusammenbringen, die sowohl persönliche als auch virtuelle Dialoge umfasst.“

Beim Zwillingsgipfel soll es um die Schaffung eines neuen Gesellschaftsvertrags gehen, in dessen Mittelpunkt Menschenwürde und soziale Gerechtigkeit stehen und in dem der gesellschaftliche Fortschritt nicht hinter der wirtschaftlichen Entwicklung zurückbleibt.

"Der ‚Great Reset‘ ist eine willkommene Erkenntnis, dass diese menschliche Tragödie ein Weckruf sein muss. Wir müssen ausgeglichenere, integrativere und nachhaltigere Volkswirtschaften und Gesellschaften aufbauen, die angesichts von Pandemien, Klimawandel und den vielen anderen globalen Veränderungen, mit denen wir konfrontiert sind, widerstandsfähiger sind“, so António Guterres, Generalsekretär der Vereinten Nationen in New York.

Ein „Great Reset“ Ist Klaus Schwab, Gründer und geschäftsführender Vorsitzender des Weltwirtschaftsforums zufolge notwendig, um einen neuen Gesellschaftsvertrag aufzubauen, der die Würde jedes Menschen ehre.

„Die globale Gesundheitskrise hat die fehlende Nachhaltigkeit unseres alten Systems in Bezug auf den sozialen Zusammenhalt, den Mangel an Chancengleichheit und Inklusivität offengelegt. Auch können wir den Missständen von Rassismus und Diskriminierung nicht den Rücken kehren. Wir müssen in diesen neuen Gesellschaftsvertrag unsere generationenübergreifende Verantwortung einbauen, um sicherzustellen, dass wir den Erwartungen der jungen Menschen gerecht werden“, so Schwab.

Die Corona-Krise habe den globalen Übergang in das Zeitalter der Vierten Industriellen Revolution beschleunigt. Schwab wörtlich: „Wir müssen sicherstellen, dass die neuen Technologien in der digitalen, biologischen und physischen Welt weiterhin den Menschen in den Mittelpunkt stellen und der Gesellschaft als Ganzes dienen, indem sie allen einen fairen Zugang ermöglichen (...) Wir brauchen ein Umdenken, den Übergang vom kurzfristigen zum langfristigen Denken, den Übergang vom Aktionärskapitalismus zur Verantwortung der Stakeholder. Ökologische, soziale und Good Governance müssen ein angemessener Teil der Rechenschaftspflicht von Unternehmen und Regierungen darstellen."

Zu den prominenten Unterstützern des „Great Reset" gehören:

Victoria Alonsoperez, Gründerin und Geschäftsführerin von Chipsafer, Uruguay, und ein Young Global Leader; Caroline Anstey, Präsidentin und Geschäftsführerin von Pact, USA; Ajay S. Banga, Geschäftsführer, Mastercard, USA; Sharan Burrow, Generalsekretärin, Internationaler Gewerkschaftsbund (IGB), Brüssel; Ma Jun, Vorsitzender, Green Finance Committee, China Society for Finance and Banking, und Mitglied des Geldpolitischen

Ausschusses der People's Bank of China; Bernard Looney, Geschäftsführer, bp, Vereinigtes Königreich; Juliana Rotich, Venture Partner, Atlantica Ventures, Kenia; Bradford L. Smith, Präsident, Microsoft, USA; und Nick Stern, Vorsitzender, Grantham Research Institute on Climate Change and the Environment, Vereinigtes Königreich.

Klaus Schwab, sieht die Globalisierung mittlerweile kritisch. „Die Globalisierer haben es übertrieben", sagte Schwab der Schweizer Zeitschrift „Bilanz" wenige Wochen vor Eröffnung der 50. Weltwirtschaftskonferenz-Konferenz in Davos im Januar 2020. „Wir hätten den sozialen Faktoren und der Umwelt mehr Gewicht geben müssen."

Die Globalisierung habe lange eine moralische Rechtfertigung gehabt, weil sie deutlich mehr Gewinner als Verlierer hervorgebracht habe. „Heute ist dieses Argument aus zwei Gründen nicht mehr überzeugend: Erstens haben wir ein neues soziales Bewusstsein, vor allem in der jüngeren Generation. Und zweitens kann man heute keine Politik mehr verfolgen, bei der die Bürger zurückbleiben", so Schwab.

Das rasante Tempo der wirtschaftlichen und sozialen Veränderungen sei die Hauptursache für die Rückkehr des Nationalismus, meinte Schwab. Angst, etwa vor dem Verlust des Arbeitsplatzes, führe zu einer Bunkermentalität. Der neue Nationalismus sei eine Gegenbewegung zur Globalisierung. „Das Mantra der großen Öffnung war doch vor allem ein elitäres Projekt", meinte Schwab.

V. Forum:

Die Davos-Reset-2021-Agenda des Weltwirtschaftsforums WEF „Der Große Neustart“ – Fluch oder Segen?[5]

Am 3. Juni 2020 kündigte das World Economic Forum WEF in Genf als Folge der „globalen Gesundheitskrise“ für Januar 2021 einen „einzigartigen Zwillingsgipfel“ in Davos in der Schweiz an. (1) Das Thema soll lauten: „The Great Reset“, oder auf Deutsch “Der Große Neustart“. Das WEF definiert den „Großen Neustart“ als „Verpflichtung, gemeinsam und dringend die Grundlagen unseres Wirtschafts- und Sozialsystems für eine gerechtere, nachhaltigere und widerstandsfähigere Zukunft zu schaffen“. Eingeladen werden weltweit führende Vertreter aus Regierung, Wirtschaft und Zivilgesellschaft. In einem von der jungen Generation geführten Dialog sollen diese mit „Stakeholdern“ weltweit virtuell verbunden werden. Das sind Personen und Interessengruppen mit einem Netzwerk in 400 Städten auf der ganzen Welt, die ein berechtigtes Interesse am Verlauf und Ergebnis des Gipfels haben. Alle Ankündigungen klingen vielversprechend und verheißen eine strahlende Zukunft.

---

[5] Vgl. http://www.nrhz.de/flyer/beitrag.php?id=26851

In der Presseerklärung des WEF heißt es weiter: „Die Ankündigung des 'Großen Neustarts' wurde von S.K.H. The Prince of Wales und Professor Schwab während eines virtuellen Treffens gemacht, gefolgt von Erklärungen des UN-Generalsekretärs António Guterres und der geschäftsführenden Direktorin des IWF Kristalina Georgieva.“ Neben den großartigen Versprechungen auch wohlklingende Namen.

Managing Diretor Kristalina Georgieva verfasste bereits am Tag der Ankündigung des Gipfeltreffens eine Stellungnahme an das World Economic Forum. Diese beginnt mit den Worten: „My thanks to His Royal Highness the Prince of Wales and to Professor Schwab for bringing us together.“ Weiter schreibt sie: „Aus der Sicht des IWF verfügen wir über einen massiven fiskalischen Stimulus, um den Ländern bei der Bewältigung dieser Krise zu helfen und die Weichen für eine Rückkehr des Wachstums zu stellen. Es ist von überragender Bedeutung, dass dieses Wachstum in Zukunft zu einer grüneren, intelligenteren und gerechteren Welt führt.“ (2)

Auch der Gründer und Vorsitzende des Weltwirtschaftsforums selbst sah sich noch am Tag der Ankündigung zu einer eigenen

Stellungnahme berufen. Unter der großen Überschrift „Jetzt ist die Zeit für einen 'großen Reset'“ und dem Untertitel „In jeder Krise gibt es eine Chance“ schreibt Klaus Schwab: „Wir können aus dieser Krise eine bessere Welt hervorbringen, (...). Um ein besseres Ergebnis (als die Depression in den 1930er Jahren, R.H.) zu erzielen, muss die Welt gemeinsam und schnell handeln, um alle Aspekte unserer Gesellschaften und Volkswirtschaften zu erneuern, von Bildung über Sozialverträge bis hin zu Arbeitsbedingungen. Jedes Land, von den Vereinigten Staaten bis nach China, muss teilnehmen, und jede Industrie, von Öl und Gas bis hin zu Technologie, muss transformiert werden. Kurz gesagt, wir brauchen einen 'großen Reset' des Kapitalismus.“ (3)

Wortschöpfer und Ideengeber des „Großen Neustarts“ ist wohl der Bestsellerautor und Wirtschaftsentwicklungsexperte Richard Florida mit seinem Buch „The Great Reset. How New Ways of Living and Working Drive Post-Crash Prosperity“ ("Das große Zurücksetzen. Wie neue Lebens- und Arbeitsformen den Wohlstand nach dem Zusammenbruch fördern").

Vertieft man sich in die Presseerklärung des WEF und die dazu erschienenen Stellungnahmen – was jedem Interessierten dringend zu empfehlen ist – dann stellen sich für den kritischen Zeitgenossen einige drängende Fragen. Zum Beispiel die Frage, in welchen Zustand unser Wirtschafts- und Sozialsystem nach dem beispiellosen ökonomischen und sozialen Totalcrash „zurückgesetzt" und neu gestartet werden soll. Sodann die Frage, was man von einer „Rückführungsagenda" erwarten kann, die von denselben globalen Regierungs- und Wirtschaftsführern formuliert und umgesetzt werden wird, die den gegenwärtigen Crash absichtlich herbeiführten. Die Kardinalfrage lautet jedoch: wird der angekündigte „Große Neustart" ein Segen sein für die Menschheit oder vielmehr ein Fluch?

Die Antwort auf diese Frage sollten ausgewiesene Experten herausfinden – und zwar noch bevor sich die Teilnehmer des Zwillingsgipfels im Januar 2021 an die Arbeit machen und eine Agenda entwerfen, deren Umsetzung nichts Gutes für die Menschheit bedeuten wird. Wir sollten uns darauf vorbereiten können, das Schlimmste zu verhindern.

Wenn wir das gegenwärtige Verbrechen gegen die Menschheit, das anlässlich des „globalen Corona-Fehlalarms“ vom „Großen Geld“, den Globallisten, Foundations, Big Pharma und der WHO weltweit losgetreten wurde, zusammendenken mit den heuchlerischen Heilsversprechen des kabbalistischen Weltwirtschaftsforums und dem räuberischen Internationalen Währungsfond, dann ist nicht von einer De-Globalisierung und einer Abkehr vom menschenverachtenden Neoliberalismus auszugehen. Die herrschende „Elite“ wird das Treffen in Davos dafür nutzen, die globale Kontrolle von uns Bürgern durch die Zerstörung der Nationalstaaten weiter voranzutreiben. Und das wird eine große Gefahr sein für die Menschheit, die wir nur gemeinsam abwehren können.

Fussnoten:

(1) http://www.weforum.org

unter „The Great Reset: Ein einzigartiger Zwillingsgipfel zu Beginn des Jahres 2021"

(2) https://imf.org/en/News/Articles/2020/06/03/sp060320-remarks-to-world-economic-forum-the-great-reset

(3) http://www.weforum.org

unter „Now is the time for a 'great reset'"

VI. Neustart:

The Great Reset – was steckt dahinter?[6]

Die Welt hat sich in den vergangenen sechs Monaten auf historische Weise verändert. Zum ersten Mal in ihrer Geschichte ist die globale Wirtschaft vorsätzlich fast komplett zum Stillstand gebracht worden. Dadurch sind Schäden entstanden, deren Folgen in den kommenden Wochen und Monaten alles übertreffen werden, was die Menschheit bisher in Friedenszeiten erlebt hat.

Das aber scheint nur der Anfang. Es mehren sich die Anzeichen, dass uns nicht etwa eine Korrektur dieses Kurses, sondern seine Fortsetzung und sogar seine Verschärfung bevorstehen. Die vor einem halben Jahr gebildete Allianz aus Wissenschaftlern, Medien und Politikern, die den Lockdown bewirkt hat, nutzt zur Zeit jede erdenkliche Möglichkeit, um die „zweite Welle“ der Pandemie heraufzubeschwören – und das, obwohl die erste Welle zu keinem Zeitpunkt die vorausgesagten horrenden Ausmaße angenommen, sondern sich durchweg im Rahmen früherer Influenza-Pandemien bewegt hat.

[6] Vgl. https://kenfm.de/the-great-reset-was-steckt-dahinter-von-ernst-wolff/

Da selbst bei viel gefährlicheren Krankheitsausbrüchen der Vergangenheit nicht einmal annähernd so umfangreiche Maßnahmen zu deren Eindämmung verfügt wurden wie im Falle von Covid-19, liegt der Verdacht nahe, dass hinter der vermeintlichen Sorge um die Gesundheit der Bevölkerung ganz andere Motive stecken könnten.

In der Tat gibt es zahlreiche Daten, Fakten und Entwicklungen, die diese Vermutung nicht nur stützen, sondern überaus wahrscheinlich erscheinen lassen. Man könnte sie unter dem Oberbegriff „The Great Reset“ – zu deutsch: „der große Neustart“ – zusammenfassen. Dessen Notwendigkeit sieht jedenfalls die finanzielle und politische Elite der Welt, deren führende Vertreter sich unter genau diesem Motto im Januar 2021 in Davos zum World Economic Forum (WEF) versammeln werden und die den Great Reset zum Leitmotiv für die vor uns liegende Zeit erklärt haben.

Und tatsächlich – ein alles umfassender Neustart steht an, und zwar aus zwei Gründen: Zum einen, weil der globale Finanzsektor in seiner aktuellen Form auf Dauer nicht mehr funktionsfähig ist, und zum anderen, weil die weltweite Realwirtschaft vor dem größten Umbruch ihrer Geschichte steht.

Hier die Einzelheiten:

Das globale Finanzsystem wird seit der Weltfinanzkrise von 2007/08 von den Zentralbanken der Welt nur noch künstlich am Leben erhalten, und zwar durch die kontinuierliche Senkung der Leitzinsen und die Geldschöpfung aus dem Nichts.

Das erste Mittel ist allerdings weitgehend ausgereizt, da die Zinsen fast überall bei Null angekommen sind. Eine weitere Senkung in den Negativbereich würde die Kreditvergabe zu einem Verlustgeschäft für die Banken machen und das Bankwesen daher von innen her zerstören.

Aus diesem Grund sind die die Zentralbanken gezwungen, auf das zweite Mittel, die Geldschöpfung, zurückzugreifen. Diese aber hat durch die Billionenzahlungen im Rahmen der Corona-Krise die ohnehin riesigen Blasen an den Finanzmärkten weiter aufgebläht und droht bei einer Fortsetzung dieser Politik die Kaufkraft der Währungen zu zerstören.

Da den Zentralbanken keine weiteren Mittel zum Erhalt des Systems zur Verfügung stehen, heißt das: Das gegenwärtige Geldsystem ist in seine Endphase eingetreten.

Noch dramatischer sieht es in der Realwirtschaft aus. Hier erleben wir durch die digitale Revolution zurzeit den größten Umbruch in der gesamten Geschichte der Menschheit.

Der Einsatz von künstlicher Intelligenz und die Robotisierung der Arbeit haben weitaus größere Folgen als die industrielle Revolution vor 250 Jahren. Konzerne und staatliche Behörden werden auf Grund der Digitalisierung gewaltige Entlassungswellen starten. Produkte aller Art – vom Zahnersatz über Elektroautos bis zum Fertighaus – können bereits jetzt an jedem Ort der Welt durch 3-D-Drucker hergestellt werden. Fabriken werden daher massenweise schließen und die Logistik zu Lande, zu Wasser und in der Luft wird weitgehend überflüssig werden. Zudem werden Home-Office und Home-Schooling ebenso zur neuen Normalität gehören wie Telemedizin und Kryptowährungen.

Diese Entwicklung wird weltweit hunderte Millionen von Arbeitsplätzen vernichten und damit die Lebensgrundlagen von ebenso vielen Menschen zerstören. Das wiederum hat fatale Konsequenzen, weil diese Menschen als Konsumenten und damit als Triebkraft für Wirtschaft und Handel und zudem auch noch als Steuerzahler ausfallen.

Da das bisherige Geldsystem auf der Wertschöpfung durch menschliche Arbeit basiert, entziehen die Künstliche Intelligenz und die Robotisierung ihm also den Boden. Statt nun aber das alte Geldsystem, das diesen neuen Gegebenheiten nicht mehr gerecht wird, abzuschaffen und ein neues einzuführen, tun diejenigen, die vom gegenwärtigen System am meisten profitieren, derzeit alles, um es zum eigenen Vorteil zu erhalten.

Dabei treffen sie aber auf ein riesiges Problem: Eine allmähliche Transformation der bestehenden Gesellschaft in die „neue Normalität" wird innerhalb der Bevölkerung auf immer stärkere Widerstände stoßen, sehr wahrscheinlich soziale Unruhen und möglicherweise Volksaufstände oder sogar Bürgerkriege auslösen. Also müssen sich die Eliten eine andere Strategie überlegen, und genau das haben sie in den vergangenen Jahren intensiv getan. Das Ergebnis ihrer Überlegungen ist im Motto des kommenden WEF-Treffens enthalten und lautet: „The Great Reset".

Dieser Reset ist nichts anderes als eine Art Schocktherapie, mit der die Veränderungen nicht allmählich, sondern innerhalb von kurzer Zeit durchgesetzt werden sollen. Und dazu haben die Eliten ganz offensichtlich in diesem Jahr den passenden Partner gefunden: das neue Corona-Virus.

Mit seiner Hilfe ist ein Sündenbock aufgebaut worden, dem sämtliche Maßnahmen in die Schuhe geschoben werden – vom Lockdown mit seinen Massenentlassungen über die Maskenpflicht bis zur Grenzschließung und der Zurückdrängung des Bargeldes. Offiziell ist es also nicht die Selbstsucht der Eliten, die die Veränderungen und Einschränkungen bewirkt, sondern ihre Sorge um das gesundheitliche Wohl der Bevölkerung – eine absurd anmutende Verdrehung der Tatsachen, die aber zurzeit von der Mehrheit der Menschen akzeptiert wird.

Was bedeutet das alles für unsere Zukunft?

Da bisher nur ein Teil der Veränderungen durchgesetzt wurde, wir uns also noch im Anfangsstadium des Great Reset befinden, erwarten uns mit großer Sicherheit weitere Verschärfungen der bisher durchgesetzten Maßnahmen. Genau dazu dürfte das Schüren von Angst und Panik angesichts einer zweiten Welle dienen. Sollte diese nicht ausreichen, werden die staatlich bestellten Virologen mit Sicherheit auf andere Bedrohungen, wie die soeben in China ausgebrochene Beulenpest, zurückgreifen.

Dass gerade Großbetriebe als „Hotspots" für Infektionen ausgemacht werden und den verschiedensten Orten immer mehr lokale und regionale Lockdowns verordnet werden, dürfte auch kein Zufall sein. Diese Maßnahmen, wie auch die biometrische Erfassung der Menschen, dienen der gezielten Überwachung von potenziellen Krisenherden, und die wird in der kommenden Phase zur Aufrechterhaltung der öffentlichen Ordnung von höchster Bedeutung sein.

Begleitet wird diese Entwicklung von einer ideologischen Kampagne, deren Ansätze man unter anderem auf der Homepage des WEF bestaunen kann. So werden Fabrikschließungen und der

Zusammenbruch der Logistikbranche den Menschen wegen der dadurch wegfallenden Emissionen als „Klimaschutz" verkauft. Das wegen der millionenfachen Arbeitslosigkeit notwendig werdende Helikoptergeld, das einzig und allein der Anfachung der Nachfrage dient, wird der Allgemeinheit als „bedingungsloses Grundeinkommen" angepriesen. Und die Digitalisierung des Mittelstandes wird als Weg in eine gerechtere Zukunft idealisiert, obwohl es sich dabei um nichts anderes als die Unterordnung mittelständischer Unternehmen unter Internet-Plattformen handelt, deren Marktmacht derzeit ins Unermessliche wächst.

All das klingt extrem bedrückend und zeigt, dass die Finanzelite, also etwa 0,001 Prozent der Weltbevölkerung, dabei ist, den Rest der Menschheit in eine Art digitale Diktatur zu führen. Besonders bedrückend ist, dass die überwiegende Mehrheit der Menschen sich dieser Entwicklung bisher nicht widersetzt.

Doch das dürfte sich in den kommenden Wochen und Monaten grundlegend ändern. Die Auswirkungen des Lockdowns und die weiteren Maßnahmen zur Eindämmung einer zweiten Welle werden so verheerende soziale und wirtschaftliche Folgen haben, dass viele derjenigen, die sich bisher nicht gerührt haben, durch eigene

Erfahrungen immer stärker mit dem bestehenden System in Konflikt geraten werden.

Genau dieser Konflikt, der Millionen von Menschen betreffen wird, sollte von uns allen als Herausforderung begriffen werden, denn er bietet die einmalige Chance, eine große Zahl bisher Ahnungsloser darüber aufzuklären, dass der Great Reset nichts anderes ist als der Versuch, ein System am Leben zu erhalten, das sich historisch überlebt hat. Dessen weitere Fortführung nur einer winzigen Minderheit nützt, während es die Mehrheit in eine Zukunft führt, die einem digitalen Gefängnis gleicht, in dem die Entfaltung des Einzelnen von Algorithmen festgelegt, das soziale Zusammenleben überwacht und gesteuert und demokratische Freiheiten nur so weit erlaubt sein werden, wie sie dem Datentransfer von Hochfrequenzrechnern nicht im Wege stehen.

VII. Weltwirtschaft:

Great Reset: Das Weltwirtschaftsforum plant den Großen Neustart, um ihn zu verhindern[7]

Der Club der reichsten Menschen und der größten naturzerstörenden Konzerne will den "Great Reset", den Großen Neustart. Statt Armut, Krankheiten, Übervölkerung und Naturzerstörung verheißen uns die Megareichen eine faire Welt in Einklang mit der Natur. Absurd? Ja. Zynisch? Natürlich. Zu ignorieren? Auf keinen Fall.

Nach seiner Eigenbeschreibung ist das Weltwirtschaftsforum "DIE internationale Organisation für öffentlich-private Zusammenarbeit" und hat als Hauptziel "die Verbesserung des Zustands der Welt". An Macht fehlt es der 1971 vom deutschen Wirtschaftswissenschaftler Klaus Schwab gegründeten Stiftung ebenso wenig wie an Selbstvertrauen. Seit Jahren pilgern fast alle wichtigen Regierungschefs der Welt zum jährlichen Treffen in Davos, um den Konzernen und Milliardären ihre Aufwartung zu machen.

---

[7] Vgl. https://norberthaering.de/die-regenten-der-welt/grosser-neustart/

Die Weltbank hat es zur Strategie erhoben, nur noch solche Entwicklungsprojekte zu fördern, an deren Umsetzung die Mitgliedsunternehmen dieses Clubs Geld verdienen können. Die Vereinten Nationen (UN) sind hochgradig abhängig vom Geld der Konzerne gemacht worden und können praktisch nichts mehr tun, was deren Interessen nicht fördert oder ihnen gar zuwiderläuft. Auch der Internationale Währungsfonds (IWF) gebärdet sich inzwischen ganz ungeniert als Türöffner für Multis, wenn er einem armen Land in Schwierigkeiten helfen oder dessen Finanzsystem beurteilen soll. Da müssen dann zuerst einmal Zölle, sonstige Handelsschranken und generell alle Formen von staatlicher Regulierung abgebaut werden.

Diese mächtige Organisation Weltwirtschaftsforum arbeitet also seit knapp 50 Jahren daran, die Welt besser zu machen.

Wenn man den kurzen Film anschaut, den das Forum zu Einstimmung auf den Großen Neustart veröffentlicht hat, kommt man nicht um das Urteil herum, dass es bei seinem Hauptziel entweder kläglich versagt hat, oder – wahrscheinlicher – den Zustand der Welt nur für seine Mitglieder verbessern will.

Die Abbildung des Ist-Zustands besteht aus einer hektischen Abfolge dystopischer Szenerien: Müllhalden, Epidemien, Proteste gegen Ungleichheit, Umweltzerstörung… Dann wird auf einem alten Computer auf den Reset-Knopf gedrückt, und plötzlich ist alles gut. Bilder von Fischschwärmen im blauen Ozean, schöne grüne Landschaften, glückliche Babys…

Nach dieser Peinlichkeit von einem Werbefilmchen geht es in dem Video direkt weiter mit dem ganz großen Auftrieb. Dann werben nach Klaus Schwab für den Großen Neustart, unter anderem noch der britische Thronfolger, die Chefin des Internationalen Währungsfonds und der Generaldirektor der Vereinten Nationen.

Damit Sie es nicht tun müssen, habe ich ihn mir angeschaut, wenigstens bis zur Hälfte und dem Ende meiner Floskel-Aufnahmekapazität. Klaus Schwab macht uns gleich zu Beginn Angst mit der Feststellung: "Jetzt ist es Zeit, das System für die Nach-Corona-Zeit zu gestalten." Uno-Generalsekretär Guterres und Prinz Charles blasen jede Menge Floskeln zum Frieden auf Erden und einer harmonischen Gesellschaft in Einklang mit der Natur. Nichts darüber, wie wir da hinkommen.

IWF-Chefin Georgieva lässt etwas Offenheit zu, wenn sie davon redet, dass es nun darum ginge, die Digitale Spaltung zu überwinden, also dafür zu sorgen, dass die US-Digitalkonzerne in jedem Winkel der Welt Geld verdienen können. Danach driftet sie ins ungewollt Sarkastische ab, wenn sie, die Chefin der Organisation, die seit Jahrzehnten den Abbau von Sozialleistungen durchsetzt, betont, wie wichtig es sei, "in die Menschen zu investieren, in den sozialen Zusammenhalt der Gesellschaft". Man müsse die Sozialsysteme leistungsfähiger machen, fordert sie allen Ernstes, während ihre Leute auf ihren Missionen in armen Ländern wahrscheinlich gleichzeitig an etwa einem Dutzend Sozialabbauprogrammen sitzen.

Was sie nicht einmal erwähnt, ist die Möglichkeit, zusätzliches IWF-Geld, die sogenannten Sonderziehungsrechte, zu schaffen, und bevorzugt an die durch Corona in existenzielle Not geratenen Entwicklungsländer zu verteilen. Auch die Möglichkeit von Schuldenerleichterungen erwähnt sie nicht.

Auch Schwab, der dann nochmal zu Wort kommt, lässt es weiterhin bei Floskeln. "Wir müssen unsere Art zu denken ändern", fordert er, eine langfristige Perspektive einnehmen. Das Konkreteste, was er von sich gibt, ist die Forderung an die Unternehmen, mit noch größerer Selbstverständlichkeit Umwelt- und Entwicklungsziele aufzustellen (die niemand weh tun), und darüber zu berichten.

Dann erklärt der Chef von Mastercard, Ajay Banga endlich, wie der Übergang ins Paradies "aus Sicht der Unternehmen" zu bewerkstelligen ist, wenigstens im Prinzip: "Damit es funktioniert, muss es der Privatsektor zu einem Teil seines Geschäftsmodells machen", also daran Geld verdienen können. Sonst wird das nichts. Dafür brauche man "enormes Vertrauen zwischen dem privaten und dem öffentlichen Sektor, das sehr schwer zu erreichen ist." Aber, Corona sei dank, gebe es inzwischen mehr von diesem Vertrauen. Die Staaten vertrauten den Unternehmen inzwischen viel mehr Daten zur freien Verarbeitung an. Mehr davon, und alles wird gut.

Wenn es für die Politiker und Adligen nur darum geht, wohlklingende Floskeln zu verbreiten, und die Konzerne nur das wollen, was sie schon immer wollen, nämlich Geld verdienen, wozu dann der ganze große Auftrieb mit Starbesetzung?

Die Antwort liegt in der Planung für den Großen Neustart, nicht in dessen ohnehin nicht geplanter Umsetzung. Der Weg ist das Ziel, könnte man sagen. Es geht nicht um einen Neustart, sondern darum, die Diskussion über einen möglichen radikalen Neustart zu lenken und zu monopolisieren. Frei nach dem Motto: Wenn dir eine Bewegung gefährlich werden könnte und du sie nicht besiegen kannst, setz dich an ihre Spitze.

Ich bin sicher nicht der Einzige, der auf die Idee kam, ein Buchprojekt zum Ausstieg aus der immer schnelleren Abfolge wirtschaftlicher und sozialer Krisen "Neustart" zu nennen. Untertitel: "Wie der Kapitalismus funktioniert und wie wir ihn überwinden." Das liegt irgendwie in der Luft, wenn in einer derart tiefen wirtschaftlichen Krise die reichsten Menschen der Welt viele Milliarden an Reichtum gewinnen und die Aktienmärkte nach einer Schreckminute so tun, als sei nichts gewesen.

Bevor das Weltwirtschaftsforum auch mit dem "Neustart" kam, hatte ich den etwas abstrakten Arbeitstitel allerdings schon geändert in den konkreteren: "Welt am Nasenring: Wie die Konzerne die Macht übernehmen und was wir dagegen tun können".

Aus dem riesigen Interesse der Leserschaft meines Blogs gerade an diesen Themen schließe ich, dass das Gefühl, dass etwas ganz furchtbar falsch läuft und ein Neustart tatsächlich nötig wäre, in der Gesellschaft sehr weit verbreitet ist.

Da gilt es dringend, die Diskussion zu kontrollieren und alle, die mit zugkräftigen radikalen Ideen kommen (könnten), rechtzeitig entweder zu isolieren oder zu umarmen. Und genau das findet jetzt statt.

Das nächste Jahrestreffen in Davos soll ein doppelter Gipfel sein: Einerseits das übliche Stelldichein der Konzernlenker mit den Regierungschefs und den Medien. Andererseits sollen alle wichtigen "Stakeholder" mindestens digital vertreten sein und den Großen Neustart planen. "Stakeholder" ist ein Manager-Modewort für von den Unternehmen handverlesene Vertreter von Gruppen, denen neben den Aktionären und Spitzenmanagern auch noch ein gewisses Interesse an dem nachgesagt wird, was die Unternehmen so tun.

Der "Great Reset" wird von uns verlangen, alle Stakeholder der globalen Gesellschaft in eine Gemeinschaft mit gemeinsamen Interessen, Zielen und Handlungen zu integrieren.

Schauen wir uns einmal die Liste der Stakeholder an, die das Weltwirtschaftsforum auffährt. Sie scheint einigermaßen abschließend gemeint, nimmt man das folgende beim Wort: "*Die Ankündigung des "Grossen Neustartes" wurde von S.K.H. The*

*Prince of Wales und Professor Schwab während eines virtuellen Treffens gemacht, gefolgt von Erklärungen des UN-Generalsekretärs António Guterres und der geschäftsführenden Direktorin des IWF Kristalina Georgieva. Ihre Aussagen wurden **von Stimmen aus allen Stakeholdergruppen der Weltgesellschaft** unterstützt, darunter:*

- *Victoria Alonsoperez, Gründerin und Geschäftsführerin von Chipsafer, Uruguay, und ein Young Global Leader;*
- *Caroline Anstey, Präsidentin und Geschäftsführerin von Pact, USA;*
- *Ajay S. Banga, Geschäftsführer, Mastercard, USA;*
- *Sharan Burrow, Generalsekretärin, Internationaler Gewerkschaftsbund (IGB), Brüssel;*
- *Ma Jun, Vorsitzender,Green Finance Committee, China Society for Finance and Banking, und Mitglied des Geldpolitischen Ausschusses der People's Bank of China;*
- *Bernard Looney, Geschäftsführer, BP, Vereinigtes Königreich;*
- *Juliana Rotich, Venture Partner, Atlantica Ventures, Kenia;*
- *Bradford L. Smith, Präsident, Microsoft, USA;*
- *Nick Stern, Vorsitzender, Grantham Research Institute on Climate Change and the Environment, Vereinigtes Königreich.“*

Microsoft, BP, Mastercard, eine Kapitalanlagegesellschaft, ein IT-Startup, garniert mit einer Gewerkschafterin und einer Chefin einer amerikanischen Entwicklungsorganisation, die vorher Bankerin und Beraterin des Weltwirtschaftsforums war, das sind die “Stimmen aus allen Stakeholdergruppen der Weltgesellschaft”. Der Umweltschutz ist dabei vertreten von einem chinesischen Offiziellen, der sich Green Finance auf die Fahnen geschrieben hat und einem Wirtschaftswissenschaftler, der – immerhin, aber nicht gerade radikal – dafür eintritt, ein Prozent des Bruttoinlandsprodukts für Maßnahmen gegen die Klimaerwärmung einzusetzen.

Wenn es bei Diskussionen zwischen diesen Vertretern des und Profiteuren vom Status quo bliebe, könnte man das Ganze getrost ignorieren, auch wenn es vom Who is Who der “Global Governance” (Weltregierung) unterstützt wird.

Aber der Kern des Programms ist etwas anderes: Schwab sagte, der deutschen Version der Presseerklärung des Forums zufolge: “Der “Great Reset” wird von uns verlangen, alle Stakeholder der globalen Gesellschaft in eine Gemeinschaft mit gemeinsamen Interessen, Zielen und Handlungen zu integrieren.” Im Video wird er noch deutlicher, was den Anspruch der Monopolisierung der

Debatte angeht (meine Übersetzung aus dem schwäbischen Amerikanisch): “Diese Initiative wird jeden auf der Welt integrieren, der eine Stimme hat und der einen besonders innovativen Vorschlag zur Verbesserung der Lebensbedingungen hat.”

Um weltweit all diese Leute zu finden, fährt das Weltwirtschaftsforum in den nächsten sechs Monaten bis zum Davoser Treffen seine Tentakeln aus, die es bisher weitgehend im Verborgenen gelassen hat. Das Netzwerk von knapp 10.000 “Global Shapers“, in 428 Städten (Hubs) und 148 Ländern wird aktiviert. Das ist so etwas wie die Nachwuchsorganisation des Weltwirtschaftsforums. Sie dient dazu High Potentials, die in Unternehmen, Politik und Kultur einflussreich werden könnten, frühzeitig zu identifizieren, miteinander zu vernetzen und an das Weltwirtschaftsforum heranzuführen.

Wenn sie sich dabei als hinreichend ehrgeizig und lenkbar erweisen, werden ihre Karrieren gefördert. Auf diese Weise haben Klaus Schwab und die Mitglieder seines Clubs fast überall auf der Welt jemand in einflussreicher Position in Unternehmen, Politik oder Kultur, den sie anrufen können, wenn sie etwas wissen müssen oder einen Gefallen brauchen. Und es kostet praktisch nichts, denn

High Potentials wollten und müssten die Unternehmen ja ohnehin akquirieren.

Diese Global Shapers hat das Weltwirtschaftsforum für Zwecke des Großen Neustarts zu DEN Vertretern der Jungen Generation erklärt, die dafür sorgen sollen, dass die Reformpläne langfristig im Sinne künftiger Generationen (von Eliten) ausfallen. Die jungen Arrivierten sollen im nächsten halben Jahr im Einzugsbereich ihres Hubs Menschen identifizieren, die nennenswerte Reforminitiativen vorantreiben. Diese sollen sie einladen, über ihren Hub digital am Davoser Great-Reset-Pauwau teilzunehmen.

Das ist dann erst der Anfang. Wer sich als potentiell wirkmächtig und damit gefährlich herausstellt, wird umgarnt, als Sprecher zu wichtig scheinenden Versammlungen in allen Teilen der Welt geflogen, mit Jobangeboten, Fördermitteln und sonstiger Unterstützung geködert und unmerklich in einem Netz von Abhängigkeiten verstrickt, aus dem er oder sie sich kaum noch befreien kann ohne in die Bedeutungslosigkeit abzustürzen.

Diese Initiative wird jeden auf der Welt integrieren, der eine Stimme hat und der einen besonders innovativen Vorschlag zur Verbesserung der Lebensbedingungen hat.

Oder aber, man widersetzt und entzieht sich der Umarmung von vorne herein. Dann darf man zuschauen, wie andere Reformer mit weniger Berührungsangst in der Öffentlichkeit zu neuen Hoffnungsträgern hochstilisiert werden.

So wird sichergestellt, dass keine Reformbewegungen außer Kontrolle geraten, die etwa den Megareichen ihren Megareichtum wegsteuern wollen, oder durch Abbau der überzogenen, wettbewerbsverhindernden Schutzrechte für geistiges Eigentum dafür sorgen könnten, dass es gar nicht erst zu diesem obszönen Reichtum kommt, oder die die Rechte der Arbeitnehmer stärken wollen, oder gar dafür sorgen, dass Konzerne Steuern bezahlen.

So läuft das, wenn auch selten so offen ausgebreitet wie bei diesem Reformverhinderungsprojekt der Eliten namens Großer Neustart.

VIII. Plan:

The Great Reset: Was plant die Welt-Elite?[8]

Der Welt steht vor tiefgreifenden Veränderungen nach der Corona-Pandemie. Das Weltwirtschaftsforum spricht vom "Great Reset" und fordert nicht weniger als eine neue Weltordnung.

Das dürfte ein gefundenes Fressen für alle Verschwörungstheoretiker sein: Das Weltwirtschaftsforum in Davos, jährlich Treffpunkt und Sprachrohr der Superreichen und Mächtigen dieser Welt, wird im kommenden Jahr unter dem Motto "The Great Reset" (deutsch: "Der große Neustart" oder auch: "Das große Zurücksetzen") stehen.

Der Gründer des Weltwirtschaftsforums, Klaus Schwab, hat in einem gleichnamigen Buch, das er zusammen mit Thierry Malleret verfasst hat, auch gleich den Rahmen abgesteckt: Die Welt brauche nach der Corona-Pandemie nicht weniger als eine globale Neuordnung der sozialen, politischen und wirtschaftlichen Rahmenbedingungen.

---

[8] Vgl. https://www.godmode-trader.de/artikel/the-great-reset-was-plant-die-welt-elite,8630523#

Im Kern des angestrebten "Great Reset" steht nicht weniger als die Forderung, dass die Weltwirtschaft sozialer und grüner werden müsse und der Kapitalismus tiefgreifender Reformen bedürfe. Auf der Website des WEF wird sogar gefordert: "Kapitalismus und Sozialismus müssen verschmelzen".

In einem Podcast behauptet Schwab, dass eine Rückkehr zum alten Status quo nach der Krise unmöglich sei. "Das ist Fiktion, das wird nicht passieren", sagt Schwab und benennt anschließend fünf Prioritäten für den globalen Reset:

- Ein neuer sozialer Vertrag, der weltweiten sozialen Ausgleich und Generationengerechtigkeit beinhaltet.
- Dekarbonisierung der Weltwirtschaft
- Digitalisierung aller Lebensbereiche
- Übergang von einem Shareholder-Kapitalismus, der sich nur auf die Belange der Aktionäre konzentriert, zu einem Stakeholder-Kapitalismus, der die Belange aller Betroffenen berücksichtigt und Übergang von einer kurzfristigen zu einer langfristigen Unternehmensplanung.
- Eine viel stärkere globale Kooperation.

Vieles, von dem was das WEF benennt, klingt gut und unterstützenswert. Wer will nicht die globalen Ungerechtigkeiten beseitigen und die Welt nachhaltiger und grüner gestalten? Skeptisch stimmen sollte allerdings die Tatsache, dass ausgerechnet das Weltwirtschaftsforum als Sprachroh der Elite nun radikale soziale und ökologische Reformen fordert.

Zur Wahrheit gehört auch: Der globale Kapitalismus hat in den vergangenen Jahrzehnten Milliarden Menschen aus der Armut befreit, wie etwa der Historiker Dr. Dr. Rainer Zitelmann in einem sehenswerten Vortrag unter dem Titel "Kapitalismus ist nicht das Problem, sondern die Lösung" erläutert. Gleichzeitig hat der Kapitalismus technologische Innovationen hervorgebracht, die gerade beim Versuch, die Welt ökologischer und sozialer zu gestalten, unabdingbar sind.

Der Wohlstand, den die meisten Menschen in den westlichen Ländern heute genießen, ist zu einem großen Teil eine Folge des kapitalistischen Wirtschaftssystems. Auch andere Länder, die kapitalistische Reformen umsetzten, wie etwa China ab Beginn der 80er Jahre, haben riesige Wohlstandsgewinne durch Stärkung des Marktes und ein Zurückfahren des Staatsappartes verbucht.

Wenn ausgerechnet das Weltwirtschaftsforum jetzt zu einer Reform des globalen Kapitalismus aufruft, sollte das zumindest nachdenklich stimmen. Eine stärkere soziale Komponente (wie in der sozialen Marktwirtschaft in Deutschland) und eine stärkere Beachtung ökologischer Kriterien im Wirtschaftsleben sind sicher wünschenswert. Zugleich dürfen aber die Vorteile des kapitalistischen Systems (wirtschaftliche Freiheit und Selbstbestimmung, Offenheit für neue Ideen und Konzepte, hohe Produktivität) nicht zerstört werden. Es bleibt abzuwarten, ob die weltweite Elite hier die richtige Balance findet und die soziale Sicherheit erhöht werden kann, ohne die wirtschaftliche Freiheit abzuschaffen.

So oder so sollte die Diskussion aber nicht nur auf dem Weltwirtschaftsforum, sondern vor allem in den Parlamenten und an den Stammtischen geführt werden. Schließlich leben wir noch immer in einer Demokratie, in der alle Staatsgewalt vom Volke ausgeht, wenn man dem Grundgesetz glauben darf. Es ist sicher legitim, wenn die globale Elite Denkanstöße liefert. Wichtiger sind aber die Konzepte und Ideen, die aus der Mitte der Gesellschaft kommen, von "ganz normalen Menschen" überall auf dem Planeten.

IX. Techno:

Der große Reset[9]

Die Eliten wollen Corona nutzen, um in einem Akt „schöpferischer Zerstörung" eine schöne neue Techno-Welt errichten.

Wir sind derzeit Zeugen einer gigantischen, schockartigen Umwälzung der Welt, deren Ergebnis eine völlige Neuordnung von dystopisch anmutendem Charakter sein soll. Rücksichtslos werden bestehende Ordnungen zugunsten der Errichtung neuer, zunehmend zentralisierter und inhumaner Strukturen vernichtet. Lockdown und Pandemie mit verheerenden Wirkungen für Wirtschaft und Demokratie stellen für die Superreichen eine großartige Gelegenheit dar, die Welt neu und nach ihren Wünschen zu formen. Corona wird so zum Schrittmacher der vierten industriellen Revolution.

„Eines der wesentlichen Merkmale der vierten industriellen Revolution besteht nicht darin, dass sie die Art verändert, wie wir

[9] Vgl. https://www.rubikon.news/artikel/der-grosse-reset

arbeiten. Diesmal sind wir es, die verändert werden" — Klaus Schwab, Mastermind des World Economic Forum (1).

Vielleicht haben Sie sich schon einmal gefragt, warum die einschneidenden Beschränkungen unserer Entfaltungsmöglichkeiten durch das Corona-Regime auch dann immer noch fortdauern, wenn die Pandemie längst überstanden ist. Immer noch sind die Repressionen gegen das mittelständische Gewerbe erdrückend.

Die allseits gefürchtete *Creditreform* warnte schon vor zwei Monaten vor der im Herbst anstehenden Insolvenzwelle. Möglichkeiten, sich politisch dagegen zu artikulieren, sind eiskalt abgeschaltet. Sollen wir hier noch an Zufälle glauben? An Missmanagement? Wohl kaum. Allzu zielgenau werden alle Entfaltungsmöglichkeiten des gesellschaftlichen Mittelbaus, also: gewerblicher Mittelstand, öffentlich-rechtliche und genossenschaftliche Wirtschaft behindert.

Bereits im März hatte Lawrence „Larry" Fink, der Chef der Vermögensverwaltungsgesellschaft Blackrock, deren Geschäftsvolumen 7,4 Billionen US-Dollar beträgt, seinen Anteilseignern geschrieben, die Welt werde nach Corona nicht mehr dieselbe sein wie vorher, und es ergäben sich in der Post-Corona-Welt „gewaltige Investitionsmöglichkeiten“ (2).

Die Vermögensverschiebungen in den wenigen Monaten des Corona-Regimes sind gigantisch: Jeff Bezos, der Eigentümer von Amazon, hat während des Lockdowns sein Privatvermögen um schlappe 25 Milliarden US-Dollar vergrößern können. Mister Tesla Elon Musk wurde um 8 Milliarden Dollar reicher, und Eric Yuan, der Erfinder des Online-Konferenzformates Zoom, konnte in einem Monat um 2,58 Milliarden zulegen. 1990 verfügten 66 Milliardäre zusammen über 240 Milliarden US-Dollar. Heute besitzen 614 Milliardäre in den USA ein Vermögen von 2,947 Billionen Dollar. Sie besitzen damit in etwa so viel wie die unteren zwei Drittel der US-Bevölkerung.

In Deutschland ist die Vermögensungleichheit nicht ganz so erdrückend. Aber das kann ja noch kommen, wenn die Corona-bedingten Einschränkungen so weitergehen wie bisher.

Es ist keine Übertreibung zu sagen: Wir sind Zeugen einer gigantischen, schockartigen Umwälzung der Welt, wie wir sie kennen, hin zu einer Neuordnung von dystopischen Ausmaßen. Ein Akt der „schöpferischen Zerstörung“. Also, die rücksichtslose

Vernichtung von durchaus intakten Strukturen zugunsten der Errichtung neuer, zunehmend zentralisierter und inhumaner Strukturen.

Die Vernichtung indianischer Hochkulturen können wir als Vergleich heranziehen. Oder die räuberische Übernahme der Allmenden und der Ackerflächen und deren Umwandlung in Weideland im England der frühen Neuzeit, aus der die Industrialisierung und das Proletariat hervorgingen. Oder die Vernichtung staatssozialistischer Wirtschaftsformen in der Dritten Welt in den 1960er und 1970er Jahren.

Wir haben doch gar keinen richtigen Begriff davon, was jetzt gerade in Corona-gebeutelten Ländern wie Indien, Brasilien oder Nigeria los ist. Die Menschen fallen dort unabgefedert in die existenzielle Vernichtung. Auf die Pleite folgen unmittelbar Hunger und Tod.

Es gibt durchaus privilegierte Mitmenschen, die in den Verwerfungen des Corona-Regime-Elends in erster Linie exzellente Gelegenheiten wittern, die Welt ganz neu wieder aufzubauen.

Natürlich von oben nach unten. Weg von der Natürlichkeit hin zu einer bis dato nicht vorstellbaren Künstlichkeit. Den Reset-Knopf drücken und eine neue Welt-Software hochladen: *The Great Reset*.

Konzepte des richtigen Kapitalismus

Nichts weniger hat sich das World Economic Forum (WEF) vorgenommen, das jedes Jahr einmal als „Weltwirtschaftsgipfel" im vornehmen Lungenkurort Davos zusammentritt. Alles was Rang und Namen hat, trifft sich dort. Monarchen, Politiker, Wirtschaftsführer, Wissenschaftler und nicht zu vergessen Medienleute. Doch das WEF arbeitet das ganze Jahr über und entwickelt Konzepte für den richtigen Kapitalismus.

Der große Macher des WEF ist ein Deutscher, Klaus Schwab, ein Wirtschaftswissenschaftler aus Ravensburg. Und der betreibt zusammen mit seiner Frau die Schwab-Stiftung. Und diese Stiftung wiederum fördert sogenannte Sozialunternehmer wie den Erfinder des Mikrokredits Mohammad Yunus aus Bangladesh oder den Wikipedia-Gründer Jimmy Wales. Schwab will zeigen, dass soziales Engagement und profitorientiertes Wirtschaften miteinander vereinbar sind. Alles auf dieser Welt ist erfolgreich mit dem Gewinnstreben zu betreiben.

Wenn Schwab mit seiner kopfstarken Prätorianergarde das Davoser Auditorium entert, lauschen alle Mächtigen dieser Welt ehrfurchtsvoll dem Ravensburger Kapitalismuspapst, wenn er von seinem Thron aus verkündet:

„Eines der wesentlichen Merkmale der vierten industriellen Revolution besteht nicht darin, dass sie unsere Tätigkeiten verändern. Diesmal sind wir es, die verändert werden" (3).

Die vierte industrielle Revolution ist Schwabs großes Thema. Darüber hat er ein Buch geschrieben, in dem wir lesen:

„Erstens spüre ich, dass das erforderliche Niveau der Führerschaft und des Verständnisses von den Veränderungen, die anstehen, unter allen Akteuren sehr gering ist im Verhältnis zu der Notwendigkeit, unsere wirtschaftlichen, sozialen und politischen Systeme neu zu überdenken, um auf die vierte industrielle Revolution zu reagieren. Daraus ergibt sich sowohl auf der nationalen wie auch auf der globalen Ebene, dass der geeignete institutionelle Rahmen, um die Verbreitung der Innovationen zu bewerkstelligen und die Verwerfungen abzumildern, im besten Falle ungeeignet und im schlimmsten Fall überhaupt nicht vorhanden ist."

Zweitens fehle, so Schwab, das Narrativ, um den Menschen die neue Technowelt so attraktiv wie möglich zu verkaufen. Wenn man die Menschen nicht mitnimmt, käme es zu einer „Abwehrreaktion in der Bevölkerung gegen die fundamentalen Veränderungen, die bereits unterwegs sind“ (4).

Klaus Schwab ist ein kluger Mann. Er sieht ganz klar, dass der Kapitalismus am Ende sein wird, wenn es so weiter geht wie bisher. Deshalb meint Schwab, dass nach der Phase des Staatskapitalismus, den er in Roosevelts *New Deal* und in der nachholenden Industrialisierung einiger Drittweltländer wirken sieht, und dem nachfolgenden Marktradikalismus, von ihm einfach „Liberalismus“ genannt, nun sein „Stakeholder-Kapitalismus“ an der Reihe sei, in Abgrenzung zum Shareholder Kapitalismus.

Das heißt: Der kapitalistische Unternehmer ist nicht nur seinen Anteilseignern verpflichtet. Er muss auch das Umfeld mitnehmen. Für Genossenschaften und öffentlich-rechtliches Wirtschaften ist hier allerdings kein Platz. Das Profitprinzip muss jede Faser der Gesellschaft durchdringen.

Diese beiden Elemente: vierte industrielle Revolution und Stakeholder-Kapitalismus, will Schwab jetzt im Schatten der Corona-Lähmung in einem Riesensprung nach vorne bringen.

Darum soll der nächste Weltwirtschaftsgipfel 2021 in Davos unter dem Motto stehen: *The Great Reset*. Das soll ein Zwillingsereignis werden. Im Lungenkurort treffen sich wie gehabt ganz physisch und haptisch, wenn Corona das geschehen lässt, die nicht mehr ganz jungen Großen dieser Welt und ihre etwas jüngeren Schützlinge.

Zeitgleich versammeln sich am Katzentisch der Videokonferenzen die jungen Stakeholder der Davoser Senioren. Die sind dann aus allen Ecken dieses Globus zugeschaltet. Bereits im April trafen sich im Internet nachwachsende Talente der schönen neuen Technowelt unter dem Motto „Reset Everything“ (5). Euphorisierte Jünger der neuen künstlichen Plastikwelt. Es ging um 5G, Transhumanismus, Künstliche Intelligenz, Kryptowährung, Impfungen neuen Typs sowie um Lebensverlängerung.

Brutale Innovation

Nun also der Great Reset. Der ist jedoch nicht ganz vom Himmel gefallen. Bereits im Jahr 2015 hatten die Vereinten Nationen ihre Agenda 2030 verabschiedet, die wesentliche Elemente der jetzigen Welt-Neuordnung schon andeutet. Das wurde durch eine strategische Partnerschaft zwischen UNO und World Economic Forum im Juni 2019 noch einmal bekräftigt (6). Die Partnerschaft zwischen Bill Gates und der Weltgesundheitsorganisation WHO hat hier ihre Entsprechung in der Modellierung der künftigen künstlichen Welt.

Und es ist überaus aufschlussreich, wer bei *The Great Reset* so alles mitmacht (7).

Da finden wir Jennifer Morgan von Greenpeace. Auch die Generalsekretärin des Weltgewerkschaftsbundes Sharan Burrow. Schon das große Eröffnungsvideo macht klar, wie die Hierarchie heutzutage ausgerichtet ist. Die einleitenden Worte spricht der große Vorsitzende Klaus Schwab von seinem Thron, verstärkt durch ein museales Mikrophon (8).

Ihm folgt Seine Königliche Hoheit Prinz Charles, der von einem viel zu hoch gehängten Teleprompter seine hölzernen Worte über den Schutz der Natur jetzt und gerade hier und keinesfalls später herunterleiert. Dann Schwabs Untergebener, der UNO-Generalsekretär António Guterres mit seiner phlegmatischen Grußadresse. Dann wieder der Kapitalismus-Papst himself, Klaus Schwab.

Und es ist schon interessant, welches Umfeld hier mitzieht. Lauter junge Start-Up-Unternehmer, versammelt im Top Tier Impact (9), also etwa: die Schlagkraft der ersten Liga. Da finden wir Ingmar Rentzhog. Klingelt es? Rentzhog ist der junge schwedische Unternehmer, der die Klima-Pop-Ikone Greta Thunberg erfunden hat, und dann mit ihrem Namen für sein Startup „We don't have Time" zweistellige Millionenbeträge einsammelte (10).

Alex Bates von Neocortex Ventures investiert in Künstliche Intelligenz. Auch mit dabei beim Großen Reset ist der Jungunternehmerklub 500 Startups. Und auch Webit (11). Schon mal gehört? Webit betrieb, mit Ausnahme dieses Jahres, gigantische Kongresse, in denen aufregende Innovationen aus der schönen Welt der Computer und des Internets vorgestellt und preisgekrönt werden. Bis zu 15.000 Technikfanatiker treffen sich dort. Eine Attraktion war zum Beispiel die humanoide Sprechpuppe Sophia.

Schöne neue Welt

In einem Video aus der Vor-Reset-Zeit erläutert uns die Klaus-Schwab-Kirche die schöne neue Welt der absoluten Künstlichkeit. Da findet die Bioethikerin Nita Farahany, wie faszinierend es ist, dass man jetzt die Gedanken der Menschen auf dem Bildschirm visualisieren kann und dass es bald möglich ist, auch die „Black Box" der innersten Gedanken der Menschen entziffern zu können.

Die an Mephisto in der Verkörperung von Gustav Gründgens gemahnende Neuro-Ethikerin berät auch die US-Regierung in dem von Obama einberufenen Gremium *Brain Research through advancing innovative Neurotechnologies* (BRAIN). Denn auch die US-Regierung und das Forschungsnetzwerk *Defense Advanced Research Projects Agency* (DARPA) des Pentagon möchten gerne direkt in unsere Hirne schauen. Natürlich, so wird uns versichert, geht es nur um die Heilung von Alzheimer und ähnlichen Krankheiten. Soso. Und natürlich geht es bei der neuronalen Steuerung des Menschen nur ganz selbstlos darum, dass an den Rollstuhl Gefesselte wieder glücksstrahlend gehen können.

Es gibt viele Superreiche, die der Menschheit selbstlos helfen wollen. Wir sind genötigt, uns mit Bill Gates und seinen genmanipulierenden Impfungen herumzuquälen.

Aber Bill Gates will auch die Afrikaner von der Geißel der Malaria befreien. Deswegen arbeitet sein Team fieberhaft daran, Gen-Sequenzen der Malaria übertragenden Mücken so zu verändern, dass sie das Verderben bringende Gen nicht mehr übertragen (12). Und Bill Gates wäre nicht Bill Gates, wenn er nicht auch noch die Erdatmosphäre retten wollte.

Die Atmosphäre soll mit Besprühung durch Chemikalien gerettet werden (13). Und Elon Musk ist mit seinem SpaceX-Weltraumunternehmen mittlerweile federführend in der Weltraumfahrt, während die mit ihm vertraglich verbundene NASA nur noch der Juniorpartner und Geldgeber ist.

Es fällt auf, dass bei Schwabs *Great Reset* die Volksrepublik China immer mitmischt. Klaus Schwab ist, wie gesagt, ein kluger Mann. Er hat erkannt, dass der Staatsapparat für das Gelingen seines Welt-Re-Starts nicht ganz entbehrlich ist. Die Machtmaschine Chinas mit ihren Stabilisatoren Volksarmee, Kommunistische Partei und Staatsapparat harmoniert auf das Vortrefflichste mit den Ambitionen der Multimilliardäre wie Jack Ma. Und wie geschmeidig, schnell und effizient diese Machtmaschine China an das neue Super-Netz 5G herangeführt hat, das macht dem sieggewohnten Westen denn doch nicht nur Eindruck, sondern auch ein bisschen Angst.

So kann man die erzwungene Duldungsstarre unserer Zivilisation durch das Corona-Regime auch als Versuch deuten, den wahrgenommenen Entwicklungsrückstand in der Vierten Industriellen Revolution gegenüber China im Hauruckverfahren aufzuholen.

Fixe Idee einer Clique?

Wie realistisch ist eigentlich dieser Große Reset? Ist das nur die fixe Idee einer Clique von Superreichen? Leider nicht. In meinem Buch von 2014 „Die Macher hinter den Kulissen“ (14) habe ich ganz vorsichtig gegen eine Mauer von Verdächtigungen einer vermeintlichen Verschwörungstheorie empirisch aufgezeigt, wie die in mühsamer Arbeit in Jahrhunderten erkämpften demokratischen Mitbestimmungsinstrumente für den Allgemeinwillen, die *volonté genérale*, und das Gemeinwohl, die in den modernen Staaten fest verankert waren, von Netzwerken und Denkfabriken der Superreichen Stück für Stück unterwandert und von innen her ausgehebelt wurden.

Das Ergebnis war schon 2014, dass Politiker selber an der Entkernung des Staates mitgearbeitet haben. Wie sie Steuerflucht ermöglichten und immer weiter ausbauten. Wie sie die Stiftungen als legales Steuerfluchtmittel eingeführt haben. Wie die Stiftungen, derart aufgemöbelt, neue synthetische Diskurse in die Politik einsickern ließen; erst leise, dann immer lauter herausgehobelt.

Und seit dem Erscheinen meines Buches ist die Situation nicht besser geworden, sondern immer noch deutlich schlimmer. Betrug der Anteil des am Fiskus vorbeigetricksten Unternehmergewinns in den 1970er Jahren noch etwa 5 Prozent, so gingen in den 2000er Jahren bereits über 50 Prozent an der Solidargemeinschaft der Steuerzahler vorbei. Heute ist die Quote unstrittig noch höher.

Der Staat verarmt, während die Milliardäre immer reicher werden. Heute müssen die Staatschefs, siehe aktuelles Beispiel Bill Gates und seine heilige Impfung der sieben Milliarden Erdenbürger, bei den Superreichen buckeln. Sie sind von den Stiftungen und Netzwerken, nicht zuletzt dem World Economic Forum, als Führer auserkoren und ausgebildet worden. Die Weltsicht von Klaus Schwab ist selbstverständlich ihre ureigenste Weltsicht. Was denn sonst? Es ist die natürlichste Sache der Welt, öffentliches Vermögen den Superreichen auf dem Silbertablett zu servieren. Nur das private Gewinnstreben kann effektiv Gesellschaften anleiten, oder etwa nicht?!

Die Stiftungen und Netzwerke jener Auserlesenen sind auch in der Lage, mithilfe der Medien, der Kontrolle der Parteien einen selbstreferentiellen Zangengriff gegen die letzten verbliebenen echten Demokratie-Bewegungen zu erzeugen und diese gleichermaßen geschmeidig wie andererseits auch hochgradig

inzestuös durch propagandistische Versatzphrasen wie „Rechtspopulistisch" oder „verschwörungstheoretisch" zu ersticken.

Das gelingt auch durch synthetisch erzeugte pseudo-oppositionelle „Basisbewegungen" sowie durch stiftungsfinanzierte Instrumente politischer Bildung und durch die Online-Enzyklopädie Wikipedia. Sie entblöden sich auch nicht, in pseudowissenschaftlicher Manier eine signifikante Korrelation zwischen „Verschwörungsmentalität" und Naturheilkunde herbei zu konstruieren (15).

Na gut. Sie können also durchsetzen was sie wollen, jene Milliardäre. Ob sie sich denn auch gegen unbequeme Realitäten absichern können, steht auf einem anderen Blatt. Sie haben mit der Zerstörung demokratischer Instanzen und durch die Zerrüttung des gesellschaftlichen Zusammenhalts, durch die endlose Militarisierung dieser Welt, durch die Gated Communities Fakten geschaffen. Viele Zonen dieser Welt sind nicht mehr zu kontrollieren. Hier nützt auch keine noch so tolle künstliche Intelligenz, kein 5G-Netz oder Genmanipulation mehr irgendwas.

Und wie soll Synergie zwischen Mensch und Maschine entstehen in einer Welt, in der die sozialen Ungleichheiten Dimensionen angenommen haben, die in der Geschichte einmalig sind? Wenn dann noch rivalisierende Gangs von Superreichen ihre Machtkämpfe bedenkenlos ausfechten auf dem Rücken einer ganzen Nation, wie es im Augenblick in den USA der Fall ist, wo der Milliardär George Soros seine synthetische Opposition der Black Lives Matter gegen den skrupellosen Manchester-Kapitalisten Trump loslässt?

Der Große Reset steht nicht auf tönernen Füßen, sondern auf einem schneidenden Scherbenhaufen. Nichtsdestoweniger wird der Große Reset uns aufoktroyiert.

Forderungen für die Zukunft

Es sind also verdammt dicke Bretter zu bohren. Ist es überhaupt möglich, eine gänzlich paralysierte und völlig ahnungslose Öffentlichkeit zu wecken?

Wir müssen uns überhaupt erst einmal wieder klar werden, was wir wollen. Woher wir eigentlich kamen.

Also: Wir kamen aus einer Welt, in der die Demokratie hochgehalten wurde. Wir kamen aus einer Welt, in der es soziale Gerechtigkeit gab. In unserer Welt galt, dass das Profitprinzip sich nur dort austoben darf, wo es keinen Schaden anrichten kann. Das Primat des Politischen galt. Das Gemeinwohl. Also wurden früher alle wichtigen wirtschaftlichen Tätigkeiten entweder von Genossenschaften oder öffentlich-rechtlichen Trägern durchgeführt. Und ein starker Mittelstand arbeitete basisnah von Menschen für Menschen. Das alles machte unser Leben so locker und sorglos.

Da müssen wir wieder hinkommen. Als erste Etappe.

Wir müssen also unseren Staat wieder „instandsetzen". Und mit einem starken durchsetzungsfähigen Steuereintreibungsapparat versehen. Schon bescheidene

Steuererhöhungen für die Superreichen würden uns wieder Geldmittel für funktionierende Infrastruktur verschaffen.

Zudem würde die direkte Demokratie eingeführt. Damit Sachfragen nicht an Parteiprogramme gekoppelt sind, sondern von Fall zu Fall entschieden werden können. Ein imperatives Mandat würde dafür sorgen, dass Mandatsträger jederzeit abgewählt werden können, wenn sie nicht ihren Wählerauftrag ausführen.

Nur einige Dinge, die man gegen den Großen Reset ins Feld führen muss. Wir wehren uns mit Nachdruck gegen Klaus Schwabs schöne neue Technowelt. Damit wir uns weiterhin selber steuern und bestimmen können und dabei auch ohne künstlichen neuronalen Impuls aus den Augen strahlen können.

Quellen und Anmerkungen:

(1) https://www.youtube.com/watch?v=kpW9JcWxKq0

(2) Offener Brief von Blackrock-Chef Larry Fink an seine Anteilseigner vom 29.3.2020: "The world will get through this crisis. The economy will recover. And for those investors who keep their eyes not on the shaky ground at our feet, but on the horizon ahead, there are tremendous opportunities to be had in today's markets."

(3) https://www.youtube.com/watch?v=kpW9JcWxKq0

(4) Klaus Schwab: „The Fourth Industrial Revolution". London 2017

(5) Reset Everything, 29.-30.4.2020

(6) https://www.weforum.org/press/2019/06/world-economic-forum-and-un-sign-strategic-partnership-framework

(7) https://www.weforum.org/agenda/2020/04/world-vs-virus-podcast/

(8) https://www.weforum.org/great-reset?emailType=Newsletter

(9) https://www.toptierimpact.com/

(10) https://www.thelocal.se/20190209/start-up-used-child-climate-activist-to-raise-millions

(11) http://www.webit.org/about/index.php

(12) https://futurism.com/videos/the-age-of-crispr-why-genetic-

engineering-will-change-everything

(13) https://www.theguardian.com/environment/2012/feb/06/bill-gates-climate-scientists-geoengineering

(14) Hermann Ploppa: Die Macher hinter den Kulissen. Wie transatlantische Netzwerke heimlich die Demokratie unterwandern. Frankfurt 2014.

(15) Pia Lamberty/ Roland Imhoff: Powerful Pharma and its Marginalized Alternatives? Effects of Individual Differences in Conspiracy Mentality on Attitudes Toward Medical Approaches. Mainz April 2018

MIX
Papier aus verantwortungsvollen Quellen
Paper from responsible sources
FSC® C105338

Printed by Books on Demand GmbH, Norderstedt / Germany